KB102458

시선(視線)

2017~2018

NCCK 북시리즈 011

NCCK가 주목한
오늘, 이 땅의 언론

시선 視線
2017~2018

NCCK 언론위원회 엮음

김 당 김덕재 김주언 심영섭
양승동 정길화 한홍구 함께 씀

동연

머리말

NCCK 언론위원회가 매달 '주목하는 시선'을 선정하며 발표해 온지 벌써 2년이 되었습니다. 반년쯤의 준비기간을 거쳐 2016년 6월 처음으로 구의역 사고로 희생된 김군의 곁에 서고자 하는 취지를 담아 "김군의 가방"을 선정했습니다. 그 이후 첫 해 12편의 시선을 묶어 단행본 「시선 2016~2017」(부제: NCCK가 주목한 오늘, 이 땅의 언론)을 지난해 출간했고 이제 다시 14편(2017년 6월부터 2018년 7월까지의 시선)을 모아 두 번째 단행본을 출판하게 되었습니다.

당초 우리는 시선을 선정 발표하며 'NCCK 언론위의 시선'이라 하지 않고 'NCCK 언론위가 주목하는 시선'이라 이름 지었습니다. 이유는 우리의 시선이 가난한 이들의 친구였던 예수의 시선을 닮기 바랐기 때문입니다. 힘없고 가난한 이들의 시선, 그것을 자신의 시선으로 삼아 세상을 보셨던 예수의 시선을 닮고자 했던 것입니다. 그래서 우리는 가난하고 힘없는 이들의 시선, 그들과 연대하며 뜻을 함께 하고자 하는 시선, 그렇게 힘없고 가난한 자의 목소리를 담아 정의롭고 평화로운 세상을 만들고자 하는 시선들에 주목했고, 그 시선이 우리의 시선이 되어야 한다고 믿었습니다.

그것은 우리에게 연대의 가치를 실현하는 일이었습니다. 연대의 소중함을 잃어버린 우리 사회가 가진 자들이 더 많은 이익을 추구하는 비인간적이고 폭압적인 세상이 되었고, 인간에 대한 존중이 실종되면서 약자는 더 이상 의지할 곳을 잃어버린 꿈과 희망이 없는 세상으로 변해버렸다고 생각했기 때문입니다. 어느 하나의 시선으로 세상을 바꾸기는 어렵겠지만 그것들 곁에 서는 제2, 제3의 시선들이 한데로 모여진다면 가능하지 않을까하는 희망의 작업이었습니다.

두 번째 단행본을 출판하면서 지난해 했던 고민을 다시 하게 됩니다. 우리는 정말 사회적 약자들과 소수자들의 시선에 충실하고 있는가 하는 것 말입니다. NCCK 언론위원회와 '주목하는 시선'을 따스한 관심으로 바라보아 주시기를 당부합니다.

2018년 9월

NCCK 언론위원회 · 시선팀 일동

〈시선 목록〉

NCCK가 주목한 오늘, 이 땅의 언론

시선(視線) 2017~2018

시기	선정된 시선	글쓴이
2017년 6월	미국에 노(No)라고 말하면 안되나?	김 당
2017년 7월	프랜차이즈 기업들의 갑질과 몰락	김덕재
2017년 8월	이주노동자의 눈물	심영섭
2017년 9월	MB 국정원의 방송장악 문건	김주언
2017년 10월	보수 이데올로기가 되어버린 동성애	김주언
2017년 11월	19세 현장 실습생의 죽음과 노동이 배제된 한국형 민주주의	한홍구
2017년 12월	김영미의 추적 - 스텔라데이지호	양승동
2018년 1월	현송월을 바라보는 불온한 시선들	김 당
2018년 2월	민의의 분출구 '청와대 국민청원'	김덕재
2018년 3월	국가조찬기도회	심영섭
2018년 4월	분단 70년 만에 개설된 남북 정상간 핫라인	김 당
2018년 5월	국가의 보호를 요청하는 여성들	김덕재
2018년 6월	제주도 예멘 난민과 한국 사회의 소동	정길화
2018년 7월	사법농단의 주역, 괴물 대법원장 양승태	한홍구

차 례

머리말 / NCCK 언론위원회 · 시선팀 _ 5

시선 2017~2018 목록 _ 7

미국에 노(No)라고 말하면 안되나? / 2017년 6월 김당 13

문 특보의 '규모 축소'와 '동결 대 동결'은 미측 북핵 해법 중 하나
한국이 미국에 노(No) 하면 불경죄?
미국 언론보다 더 친미 · 사대적인 한국 언론의 성토
6월은 '동족상잔'과 '민족화해'의 달

프랜차이즈 기업들의 갑질과 몰락 / 2017년 7월 김덕재 21

신 계급사회의 상징, 갑질
을의 눈물과 호소, 갑의 치부(致富)와 구속
처절한 신 계급 사회의 표정
갑질 바이러스
교만에 빠진 이 시대 '승리자'들에 대한 경고
선정 이후…

이주노동자의 눈물 / 2017년 8월 심영섭 35

잠들지 못하는 영혼
낯선 땅을 떠도는 영혼
낯선 자에게만 가혹한 고용허가제도
귀환할 수 없는 이산자
예수도 노동 이주민의 아들이었다

MB 국정원의 방송장악 문건 / 2017년 9월 김주언 45
국정원서 공영방송 장악 시행
청와대의 구체적 방송장악 보고서
독재정권 시절로 퇴행한 방송정책
30년 주기로 언론적폐 청산
방송의 자유와 독립을 위한 과제

보수 이데올로기가 되어버린 동성애 / 2017년 10월 김주언 65
기-승-전-동성애라는 보수이데올로기
성소수자 문제로 대립 중인 기독교계
동성애 혐오의 원조는 19세기 자본가들
동성애 반대라는 이데올로기의 역사적 맥락
차별금지법 제정이 최우선 목표

19세 현장 실습생의 죽음과 노동이 배제된 한국형 민주주의 /
2017년 11월 한홍구 80
또 죽었다
거대한 불법 파견업체, 학교
이라크 전장터보다 훨씬 위험한 우리의 노동 현장
이민호, 그 후
노동인권이 존중되는 사회
빈곤문제에 대한 교회의 응답은?

김영미의 추적, 스텔라데이지호 / 2017년 12월 양승동 93
문재인 정부 청와대 '1호 민원'
재해와 죽음을 대하는 언론의 자세
이익을 위해 안전을 포기하는 사회

현송월을 바라보는 불온한 시선들 / 2018년 1월 김당 100
2013년 조선일보 "'김정은 옛 애인' 현송월 음란물 찍어 총살돼"
수구정당 "평창올림픽이 아니라 평양올림픽"
냉전의 '불온한 유령'이 배회하는 한반도

민의의 분출구 '청와대 국민청원' / 2018년 2월 김덕재 109
국민소통 플랫폼, 청와대 국민청원
청와대 국민청원, 만능 해결사?
청와대 국민청원, 문제제기의 창구
대의민주주의의 약화
배고픈 우리 국민들
21세기 신문고

국가조찬기도회 / 2018년 3월 심영섭 119
국가와 민족을 위한 구도자에서 가이사의 시종으로
국가조찬기도회의 맥도널드화
하늘에 계신 아버지
이제 우리와 함께 하여야

분단 70년 만에 개설된 남북 정상간 핫라인 / 2018년 4월 김 당 128
현실이 된 가상 통화 "너는 앞으로 아무 것도 쏘지 마!"
핫라인 개설의 원초적 배경은 핵미사일 불안감 때문
3차 남북정상회담도 국정원 · 통전부 핫라인의 성과
'10초 월경'과 '도보다리 밀담' 그리고 국가보안법의 '회합 · 통신'

국가의 보호를 요청하는 여성들 / 2018년 5월 김덕재 139
'생물학적 여성'만의 특별한 시위
여성들의 체감 속 여성차별
다시 강남역 10번 출구

미투(me-too) 운동과 성평등 사회
2018년 5월 19일 그 이후

제주도 예멘 난민과 한국 사회의 소동 / 2018년 6월 정길화 153
제주도 예멘 난민과 출도 제한
가짜 난민?
불안과 혐오에 편승하는 언론
유엔난민기구 친선대사 배우 정우성
한국 사회에 쏘아 올려진 작지만 큰 공

사법농단의 주역, 괴물 대법원장 양승태 / 2018년 7월 한홍구 162
반헌법행위자 양승태
양승태를 보는 조선일보의 시선
양승태 보도와 역사적 시선의 결여
작은 양승태, 여상규를 놓친 무딘 시선

글쓴이 알림 _ 176

2017년 6월의 시선

미국에 노(No)라고 말하면 안되나?

김당

한국기독교교회협의회(NCCK) 언론위원회(위원장 이동춘 목사)는 2017년 6월의 「(주목하는)시선 2017」으로 '미국에 노(No)라고 말하면 안되나?'를 선정했다.

문정인 대통령통일외교안보특보는 '할 말은 하는 학자'이다. 그의 '소신 발언'은 곧잘 한반도를 들썩이게 하고 보수 언론의 표적이 되곤 한다. 그때마다 청와대는 문 특보에게 '구두 경고'를 하는 방식으로 서둘러 불씨를 끄곤 했다. 문재인 정부 출범 직후인 2017년 6월에도 그랬고, 2018년에도 되풀이되었다. 이제는 그의 소신 발언과 보수언론의 공세, 그리고 청와대의 진화가 익숙한 풍경이 되었다.

문정인 특보는 2017년 6월 16일 워싱턴에서 '한미 신행정부 출

▸ 문정인 대통령특보가 2017년 6월 16일 미국 워싱턴의 민간단체인 우드로윌슨 센터에서 기조연설을 하고 있다(출처: VOA).

범과 한미동맹'을 주제로 열린 세미나의 특파원 간담회에서 이런 취지로 발언했다. 동아시아재단과 우드로윌슨센터가 5년째 해마다 개최해온 한미동맹 관련 학술회의에서다.

"북한이 핵-미사일 활동을 중단하면 한미연합군사훈련 축소에 대해 미국과 논의할 수 있다.… (중략) … 사드(THAAD) 때문에 깨진다면, 무슨 동맹이냐. 사드가 동맹의 전부인 것처럼 말하는 것은 수용하기 어렵다."

한국의 보수언론과 야당은 벌떼처럼 달려들어 십자포화를 퍼부었다. 보수언론은 마치 한미 동맹에 균열이 날 것처럼 호들갑을 떨었다. 화들짝 놀란 청와대는 서둘러 문 특보를 '엄중 경고'해 진화에 나섰다.

놀라운 사실은 한국 언론이 마치 약속이나 한 듯, 트럼프 미국 대통령이 한국 내 사드 배치 논란에 대해 '격노했다'는 보도로 헤드라인과 지면을 장식한 것이다. '트럼프 격노' 보도는 출처가 불확실해 기사로서 요건도 부실하거니와, 한국은 상전인 미국의 심기를 건드려서는 안 된다는 친미사대(事大)주의에 물든 부끄러운 언론의 민낯을 드러낸 것이었다.

이에 NCCK 언론위원회는 문 특보의 발언에 대한 추태에 가까운 호들갑과 '트럼프 격노'라는 과공비례의 언론 현실에 주목했다. 이와 같은 보도에서 언론이 '현대판 사대주의'를 벗어나지 않고서는 남북한이 주도하는 통일은커녕 대화도 불가능하다는 현실을 새삼 확인했기 때문이다. 미국 언론보다 더 친미-사대적인 한국 언론의 민낯을 톺아보는 '미국에 노(No)라고 말하면 안되나?'를 6월의 시선으로 선정한 배경이다.

문 특보의 '규모 축소'와 '동결 대 동결'은 미측 북핵 해법 중 하나

문 특보의 발언은 남북 대화 재개와 북핵 문제 해법을 찾기 위한 상식 수준의 대안을 담은 것이다. 문재인 대통령도 후보시절 공개석상에서 비슷한 취지의 해법을 밝힌 바 있다. 문 특보는 '규모 축소'(scaling down) 발언은 대통령의 후보 시절 발언 수준에 맞춰 얘기한 것이라고 말했다. 심지어 트럼프 미국 대통령도 오바마 정부의 '전략적 인내'를 실패로 규정하며 북한과의 대화 가능성을 내비친 바 있다. '동결 대 동결'은 미국 조야에서 통용되는 북핵 해법 중의 하나인 것이다.

샘 넌 상원의원과 마이크 멀린 전 합참의장은 2016년 11월 미국 외교협회(CFR)의 공동 보고서에서 '북한이 핵미사일을 동결하면 미국과 한국은 합동군사훈련을 동결하는 것을 고려할 수 있다'는 제안을 해법으로 제시한 바 있다. 가까이는 대북정책조정관을 지낸 윌리엄 페리 전 국방장관과 브루킹스연구소의 마이클 오핸런 선임연구원도 비슷한 주장을 했다.

또 랜드연구소 브루스 베넷 선임연구원도 문 특보의 발언에 대한 확대해석을 경계하며 '규모 축소'는 가능하다고 밝혔다. VOA(미국의 소리) 방송에 따르면, 베넷 선임연구원은 "문 특보가 실제로 한 말은 군사훈련에 동원되는 미국의 폭격기와 같은 전략자산의 배치를 줄이자는 것"이라며 "이런 비행 전개를 줄이는 것은 미국의 국방예산을 줄일 것이고, 미국과 한국의 동맹에 문제가 생기지도 않을 것"이라고 분석했다.

한국이 미국에 노(No) 하면 불경죄?

그런데도 문 특보의 발언은 정작 미국 현지가 아닌 한국에서 일파만파를 불러왔다. '조중동'을 비롯한 보수언론은 문 특보가 미국에 해서는 안될 발언(No)을 함으로써 마치 미국의 심기를 건드리는 '불경죄'를 저지른 것처럼 "한미 동맹에 균열이 우려된다"고 앞장서 성토했다. 조중동은 문 특보의 주장이 한반도 긴장 완화에 얼마나 효용성이 있는지를 검증하기보다, 그의 발언에 미국이 얼마나 불쾌해 할지와 북한의 주장과 얼마나 닮은 구석이 있는지를 따지는 친미사대 및 종북몰이 보도에 급급했다.

이를테면 ▲ 조선일보의 〈대통령 외교특보의 워싱턴 발언 파문〉(6/19, 1면 https://goo.gl/6Yv6dS)과 〈"美가 전략무기 배치하니까 北이 미사일 개발? 文특보, 韓·美입장 뒤집고 北논리 대변한 것"〉(6/19 https://goo.gl/n6N1Ch), ▲ 동아일보의 〈정상회담 앞 '한미훈련 축소' 꺼낸 문정인〉(6/19 1면, https://goo.gl/XhzDnX)과 〈적·전·균·열〉(6/20 1면, https://goo.gl/iTBFzC) ▲ 중앙일보의 〈사드 이어 문정인… 싸늘해지는 워싱턴〉(6/19 https://goo.gl/AKX5uY) 등이 대표적 사례다.

물론, 미국 조야에도 문 특보의 발언에 우려하는 목소리가 없는 것은 아니다. VOA에 따르면, 보수세력을 옹호하는 헤리티지재단의 브루스 클링너 선임연구원은 문 특보의 발언에 대해 "한·미 관계의 불확실성을 가중시킨다"고 전제하고, "한국 정부가 미국 정부의 승인 없이 독자적으로 대북정책을 추진할 수 있다는 점을 보여준다"고 전망했다. 그러나 한국 정부의 독자적인 대북정책 추진은 미국 학자나 언론이 우려할 일일지는 몰라도 한국 언론이 걱정할 일은 아닐 것이다.

미국 언론보다 더 친미 · 사대적인 한국 언론의 성토

미국 언론보다 더 친미 · 사대적인 한국 언론의 성토에도 불구하고 문정인 특보가 '소신 발언'을 이어가자(정작 문 특보는 미국에 있는 동안 한국 언론매체를 보지 않아 보도 양태를 몰랐다고 한다), 급기야 한국 언론은 마치 약속이나 한 듯, 트럼프 대통령이 한국내 사드 배치 논란에 대해 '격노했다'는 보도를 쏟아냈다. ▲ TV조선의 〈"차라리 사드 빼라" 크게 화내〉(6/19 http://bit.ly/2rL1ipm) ▲ 동아일보의 〈사드→6 · 15→문정인 연쇄논란… 트럼프 백악관 회의중 '버럭'〉(6/20 https://goo.gl/JDMgMZ) 보도가 그런 사례다.

"트럼프 미국 대통령은 현지시각 지난 8일 틸러슨 국무장관, 매티스 국방장관과 백악관 집무실에서 만났습니다. 두 장관은 이 자리에서 정의용 국가안보실장이 '사드 배치가 지연되는 한국의 국내 상황을 이해해 달라'고 요청한 사실을 보고하며 사드와 관련한 새 타협안을 건의한 것으로 알려졌습니다. 이에 트럼프 대통령은 크게 화를 낸 것으로 전해집니다. 언짢은 표현과 함께 '차라리 사드를 빼라'고도 한 것으로 알려졌습니다"(TV조선).

"트럼프 대통령은 최근 렉스 틸러슨 국무장관, 제임스 매티스 국방장관과 회의 도중 한국의 사드 배치 논란에 크게 화를 냈고, 욕설까지 나왔던 것으로 전해졌다. 외교가 안팎에서는 이번 사태를 두고 '반미(反美)면 어떠냐'고 했던 노무현 전 대통령이 당선된 직후의 한미 관계를 떠올리는 이들이 늘고 있다. 한미 관계의 균열 조짐은 결국 북한에만 득이 될 뿐이라는 우려의 목소리가 많다"(동아일보).

한국 언론은 트럼프가 '버럭' 화내는 장면을 본 듯이 묘사함으로써 마치 '트럼프의 격노'가 문정인 특보 발언과 연관이 있는 것처럼 보도했다. 그러나 두 기사 모두 출처(취재원)가 없는 가운데 '알려졌다'거나 '전해졌다'는 전언(傳言)일 뿐이었다. 설령 전언이 사실이라고 해도, 트럼프의 격노(8일)는 문정인 발언(16일)보다 8일 앞서 나온 것이다. 아무런 인과관계가 없다는 얘기다. 실제로 미국 언론에서는 '트럼프 격노' 기사를 찾아볼 수가 없다. 이쯤 되면 트럼프가 격노했는지조차 의문이다.

6월은 '동족상잔'과 '민족화해'의 달

6월은 6 · 25전쟁(1950년)이라는 동족상잔의 비극이 서린 호국의 달이지만, 분단 이후 반세기만에 남북한 정상이 손을 맞잡은(2000년 6 · 15공동선언) 민족화해의 달이기도 하다. 김대중 대통령은 클린턴 대통령을 설득해 대북정책의 조수석에서 운전석으로 옮겨 앉아 역사적인 6 · 15 남북정상회담을 성공시켰다. 우리의 운명을 우리가 주도함으로써 민족공조와 국제공조가 상호 보완적일 수 있음을 입증한 것이다.

그런데 문정인 특보가 문제의 발언을 한지 1년만인 2018년 6월 싱가폴에서 조・미(또는 북미) 정상회담이라는 놀라운 사변이 벌어졌다. 김대중 전 대통령이 한반도의 운전대를 잡은 지 18년 만에 문재인 대통령이 다시 운전대를 잡은 것이다. 이어서 문 특보의 '규모 축소'(scaling down) 발언은 1년 만에 현실화되었다. 그것도 한국이 제안한 것이 아니고 트럼프 미국 대통령이 먼저 제안한 것이다.

그렇다고 북한이 핵을 포기하지 않는데 "어느 동맹국도 민족보다 더 나을 수는 없다"고 주장하는 것은 아니다. 국제정치에서 동맹은 국가의 생존과 국익을 지키기 위한 중요한 수단이다. 한미 동맹 또한 생존과 국익, 즉 한반도의 안정과 번영을 지키기 위한 중요한 도구이다. 한미 동맹 그 자체가 목적은 아니다. 한반도가 지구상의 유일한 '냉전의 섬'으로 남은 가운데 한미 동맹체제가 장기간 지속하다 보니 수단과 목적을 혼동하는 것은 아닐까?

그래서 한국 언론에 묻는다. 당신은 어느 나라 언론인가, 미국은 우리에게 무엇인가, 한국은 미국에 노(No)라고 말하면 안되는가? NCCK 언론위원회가 2017년 6월의 시선으로 선정한 주제이자 세상에 던지는 질문이었다. 그 질문은 여전히 유효하다.

2017년 7월의 시선

프랜차이즈 기업들의 갑질과 몰락

김덕재

한국기독교교회협의회(NCCK) 언론위원회(위원장 이동춘 목사)는 2017년 7월의 「(주목하는)시선 2018」로 '프랜차이즈 기업들의 갑질과 몰락'을 선정했다. 2017년 6월 한 달 사이에 종근당, 미스터피자, 신선설농탕, 총각네야채가게 같은 건실한 기업과 프랜차이즈 기업의 대표들이 '갑질' 논란에 휩싸이는 일이 벌어졌다. 지금은 우리 사회 전반에서 '갑질' 문제가 가히 폭발하는 양상을 보이고 있다. NCCK 언론위원회는 '갑질'에서 오늘날 우리 사회에 나타나고 있는 신 계급사회 출현의 징후이자 그릇된 선민의식의 발호를 보았다.

신 계급사회의 상징, 갑질

'갑질'이 보편적으로 이야기되기 시작된 것은 그리 오래 전이 아니다. 인터넷을 통해 '갑질'이란 신조어가 만들어지던 당시, 대다수 국민에게 '갑질'이란 단어를 각인시킨 것은 남양유업 사건이었다. 2013년 초, 남양유업이 대리점에 제품을 소위 '밀어내기'한다는 주장이 대리점주들로부터 나왔을 때만 해도 남양유업은 이를 즉각 부인했다. 하지만 뒤이어 영업사원의 욕설과 폭언, 떡값 요구 등이 담긴 녹취록이 세상에 알려졌고, 본사가 감당해야 할 판촉사원들의 임금을 대리점에 전가하고 있다는 증언도 이어졌다. 국민들에게 이 사건은 '갑'인 남양유업이 '을' 즉 약자인 대리점주들에게 '갑질'을 한 사건으로 각인되었고, 남양유업 제품에 대한 불매운동으로 이어지기도 했다.

'갑질'이란 말은 원래 계약당사자 중 권리 관계의 우위에 있는 주체를 '갑'으로 지칭하는 관행에서 '갑'자를 따고, 바람직하지 못한 행위를 일컬을 때 쓰는 우리말 '질'을 더해 만들어진 말이다. 즉 우월한 위치에 있는 존재가 열등한 위치에 있는 존재에게 모종의 해서는 안 될 일을 하는 걸 말한다. 어떤 관계에서든지 우열은 존재하기 마련이고 특히 계약 관계에서는 피할 수 없는 일이지만, 지금 이 시대에는 유난히 '갑질'로 비난받는 사건들이 많다. 왜 그런 것일까? 먼저 대표적인 사례를 한번 살펴보자.

▸ '땅콩회항'사건을 일으킨 조현아 전 대한항공 부사장

2014년 12월 미국 뉴욕에서 한국으로 출발하기 위해 활주로로 이동하던 대한항공 비행기가 다시 게이트로 돌아간 소위 '땅콩회항' 사건이 있었다. 객실 서비스 규정도 잘 모른 채 마카다미아 제공 서비스를 문제 삼은 조현아 당시 대한항공 부사장이 일으킨 사건이었다. 객실 승무원에게 화를 내던 그는 규정을 설명하는 사무장에게 무릎 꿇고 용서를 빌도록 했고, 그래도 성이 차지 않자 급기야 비행기를 돌려 사무장을 내리게 한 사건이었다.

이 일로 조현아 부사장의 부친인 조양호 회장까지 나서서 사과했지만 재벌 딸의 터무니없는 '갑질'을 목도한 국민들의 분노를 삭이지는 못했다. 규정도 정확히 모르면서 기내 서비스 책임자인 사무장을 서비스 규정집으로 때리는 등 욕보이고, 급기야 비행기를 불법적으로 회항시키면서까지 강제로 내리게 한 처사는 '갑질' 중의 '갑질'이었다. 비록 오너라고 하더라도 절대 해서는 안 되는 일들이었다. 스스로를 '갑' 중의 '갑'으로, 사무장 및 승무원들을 집안의

머슴쯤으로 인식하고 있지 않다면 결코 일어날 수 없는 일이라는 비난이 잦아들지 않았다.

최근에 일어난 종근당 회장의 수행 기사 폭언 사건도 마찬가지다. 녹취록에 의하면 다음과 같은 폭언들이 일상적으로 행해졌다고 한다.

"XX같은 XX. 너는 생긴 것부터가 뚱해가지고 자식아. 살쪄가지고 미쳐가지고 다니면서… 뭐 하러 회사에. XX같은 XX, 애비가 뭐하는 놈인데…."
"XX처럼 육갑을 한다고 인마. … 아유. 네 부모가 불쌍하다 불쌍해. XX야"
"월급쟁이 XX가 일하는 거 보면 꼭 양아치 같아 이거. XX야 너는 월급 받고 일하는 XX야. 잊어먹지 말라고. 너한테 내가 돈을 지불하고 있다는 거야. 인마 알았어?"

견디기 힘들었던 운전기사들이 한 해에 세 명이나 회사를 그만둘 정도로 폭언은 거칠고 모멸적이었다. 이 또한 직원을 종이나 노예로 여기지 않는다면 일어날 수 없는 일이다.

을의 눈물과 호소, 갑의 치부(致富)와 구속

최근에는 프랜차이즈 본사와 가맹점들 사이에 벌어지는 비슷한 일들이 세상에 드러나고 있다. 본사에서 일하는 직원 중에서 점주를 선발해 가맹점을 열게 하는 독특한 방식으로 칭송받아 온 한 야채가게 프랜차이즈 경영자가 있다. 이 기업은 심지어 가맹점 개업할 때 드는 목돈, 즉 월세 보증금과 권리금, 인테리어 비용 같은 것도 본사가 우선 대주고, 가맹점주가 영업을 해나가면서 그 자금을 상환하도록 하고 있다. 이런 방식 덕분에 그는 창업 자본이 부족한 젊은이들에게 가히 신화적인 존재였다. 하지만 그래서였을까? 그는 상습적으로 점주들에게 폭언과 폭행을 일삼고, 가맹점주들을 불러 스스로를 똥개라고 인정하게끔 모욕 주는 일을 교육이랍시고 하면서 고액의 교육비를 받는 것으로 드러났다.

그 뿐만이 아니다. 한 설렁탕 프랜차이즈 기업의 횡포도 알려졌다. 그 업체는 가맹점과의 계약기간이 만료되면 가맹점 연장을 불허한 채, 해당 가게를 직영점으로 흡수하겠다면서 헐값의 권리금을 제시한다고 한다. 그런데 가맹점주가 이에 응하지 않을 경우에는 인근에 직접 직영점을 개설해 가격 할인 행사를 함으로써 보복하기도 했다.

최근 드러난 '갑질'의 최고 압권은 미스터피자였다. 정우현 전 회장은 가맹점에 들어가는 식자재의 카드 결제를 거부하고, 광고비로 자신의 자서전을 발행해 가맹점에 강매하고, 본인의 친동생 명의의 치즈 회사를 끼워넣기로 거래에 참여시켜, 가맹점으로부터 총 57억 원의 부당 이익을 챙겼다는 혐의를 받고 있다. 항의하는 가맹점주가 있으면 검찰에 고소하는 동시에 출점시켰다고 한다. 실제로 한 가맹점주를 고소했다가 1심에서 패소하자 그는 바로 항소했고, 재판에 끌려 다니느라 사업도 부실해진 그 점주는 결국 자살하고 만 사건이 있었다.

그런데 검찰 수사 과정에서 정우현 전 회장과 그 일가의 더 많은 갑질이 드러났다. 오죽했으면 검찰이 '을의 눈물과 호소, 갑의 치부(致富)와 구속'이라고 명명한 그 내용은 명색이 기업가가 한 일이라기엔 참으로 민망한 지경이다.

법인카드로 골프장과 호텔에서 수억 원을 사용하고, 계열회사 임원으로 등재한 딸과 사돈뿐만 아니라 사촌 형제에게까지 수년 간 수억 원의 급여, 차량, 법인카드를 회사에서 제공하였다고 한다. 게다가 해외여행에 딸과 동행한 가사도우미를 그룹 직원으로 등재하고 급여를 지급했으며, 그룹 부회장으로 재직한 자신의 아들이 개인적으로 쓴 90억 원의 빚을 갚지 못하자 2,100만원이던 아들의 월급을 9,100만원으로 인상했다. 이 아들은 법인카드로 유흥주점에서만 2억 원을 사용한 것으로 드러났는데, 편의점의 5천원 이하 금액도 반드시 법인카드만을 사용할 정도로 법인카드 애호가였다고 한다.

처절한 신 계급 사회의 표정

'갑질'은 자신이 가지고 있는 우위에 대한 확인을 위해 동원되는 행위이다. 수많은 강한 자들이 자신의 '갑' 지위를 확인하기 위해 '갑질'에 나서고 점차 '갑질'을 체화해가고 있는 듯하다. 지난 5월에는 정치인 김무성의 '갑질'이 화제가 된 적이 있다. 귀국하는 공항에서 기다리고 있던 수행원에게 트렁크 가방을 밀어주는 영상이 퍼지면서 '갑질' 논란을 불러일으켰다. 김무성이 문 뒤에 나타나자 기다리던 수행원이 문 쪽으로 가면서 고개 숙여 인사하는데, 김무성은 그쪽을 쳐다보지도 않은 채 바퀴달린 가방만 그쪽으로 굴리는 것이 아닌가. 구기 종목에서 '노룩 패스'(No Look Pass)라고 불리는 고급 기술이 추한 '갑질'의 도구로 돌변한 순간이었다. 그 장면은 안하무인, 우월, 무시, 차별의 표상과도 같았고 처절한 신 계급 사회의

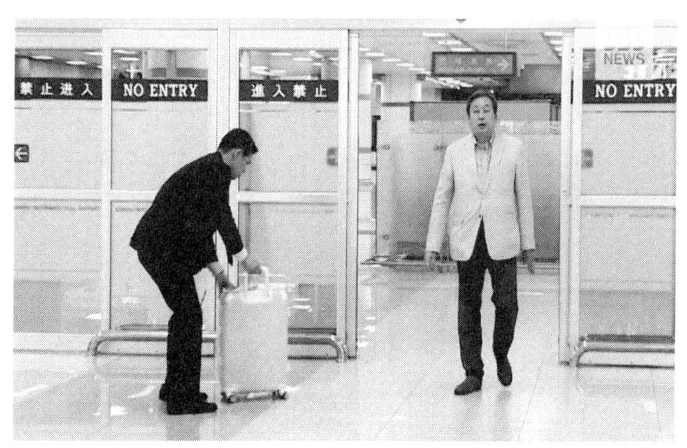

▸ 갑질 논란을 일으킨 김무성 의원의 트렁크 노룩 패스

표정이기도 했다.

무릎 꿇은 사무장 앞 1등석 의자에 앉은 조현아.

운전하고 있는 기사에게 상습적으로 막말, 폭언하는 종근당 전 회장."

가맹점주들에게 자신이 키워주고 있다며 마구 대하는 프랜차이즈 야채가게 사장.

당신들은 내 덕에 먹고 살고 있으니 무조건 따르라는 사장.

당하는 입장에서, 피해자 앵글에서 상황을 떠올려보면 그들의 모멸감과 낭패감이 조금 더 실감날 수도 있다. 사실 이런 '갑질'하는 '갑'들의 태도와 자세, 말과 행동에서는 계급에 대한 분명한 자각이 엿보인다. 자신의 우월적 지위를 정확히 알고 있는 것이다. 자신감을 넘어선 오만이 넘치는 것도 그 때문일 것이다. 새로운 계급 사회에서 우위에 선 자, 새롭게 출현한 신귀족의 오만으로 보인다. 어쩌면 양극화로 일컬어지는 신 계급 사회의 도래야 말로 저들을 저렇듯 오만하게 만들고, 저들로 하여금 끝없는 '갑질'을 하게 만든 원인일지도 모른다.

갑질 바이러스

그런데 이렇게 거창한 '갑질'만 존재하는 것은 아니다. 반드시 강자이거나 사주여야만 '갑질'을 할 수 있는 것도 아니다. '갑질' 바이러스는 전염성이 너무나 강한 나머지 평소에 '갑질'을 당하면서 사는 '을'에게도 옮겨간다.

2016년 6월 중앙정신보건사업지원단이 주최한 제4회 정신건강 정책포럼의 주제는 "갑을관계_일상에서의 상처와 트라우마"였다. 정신과 전문의 정찬승은 "우울증을 호소한 환자들과 상담하다 보면 '갑질' 피해 경험이 원인인 경우가 많다. '갑질'을 처음 당한 사람은 자신을 아무것도 할 수 없는 존재로 규정하고 무력감을 느끼게 된다. '갑질'을 당한 경험이 이에 저항할 수 없는 심리 상태를 만드는 악순환이 일어난다"고 말했다. '갑질'을 당할수록 '갑질'에 더욱 취약해진다는 것이다. 또한 "한국인은 식민, 독재, 양극화를 겪으며 힘이 있어야 살아남는다는 권력 콤플렉스를 강하게 내면화했다"고 말했다. '갑질' 바이러스에 유독 약하다는 뜻이다.

2015년에는 이전과는 다른 '갑질'의 사례들이 주목받기 시작했다. 1월에는 부천의 한 백화점 주차장에서 어머니와 딸이 주차 요원들을 무릎 꿇리고 꾸짖은 사건이 있었고, 대전에서는 여성 고객이 점원의 빰을 때린 일이 있었으며, 10월에는 인천의 한 백화점 귀금속 코너에서 한 여성이 점원들의 응대법을 문제 삼으며 1시간 이상 항의하는 사태가 있었다. 결국 그 여성에게 점원들이 무릎 꿇

▸ 또다른 갑질 논란. 백화점 주차 요원 무릎 꿇린 모녀

고 사과했다고 한다. 하나같이 새로운 양상의 '갑질'이다. 고객이란 이름의 보통사람들이 자신보다 더 '을'인 사람들을 향해 벌인 초라한 '갑질'이었다.

이글을 쓰는 동안에도 뉴스에서는 또 다른 '갑질' 소식이 전해지고 있다. 백화점 주차장 입구에서 한 외제차 운전자가 새치기를 막아선 주차 요원을 폭행하고 차로 밀어붙인 사건이 있었다고 한다. 이런 경우들은 고객이라는 이름의 우월적 지위로 점원 혹은 주차 요원이라는 이름의 열등한 지위를 무릎 꿇리고, 때리고, 밀어붙인 것이다.

정찬승 전문의는 심층심리학적으로 분석하면 '갑질'도 '상습적 갑질'과 '우발적 갑질'로 나눠진다고 한다. 계급적 인식에 기초한 그릇된 선민의식에서 나오는 '갑질'이 '상습적 갑질'이라면, 사소한 우월적 지위에 올라타고 우발적으로 나타나는 '갑질'은 사실 '슬픈 갑질'이다. 경찰이 2015년 9월부터 100일간 '갑질 횡포 특별 단속'을 펼쳐 적발된 6,000여 건을 분석한 결과, 갑질 가해자는 40~50대(57.7%), 남성(89.6%), 무직-일용직(27.1%)이 많았다고 한다. 구조화되지 않은 생활 속 우발적 '갑질'에 취약한 층이 '중년의 남성 무직자'라는 것이다. 이용석 전문의는 "중년 남성 환자 상당수가 건강검진 결과나 인사이동 같은 일상적 변화가 원인이 돼서 우울증과 불안장애를 호소한다. 자신의 힘이 약해졌다고 느낄 때, 다른 성별과 연령대보다 쉽게 무너지는 경향이 있다"고 했다. 무기력을 느낄 때 오히려 더욱 약한 상대를 찾아서 자신의 힘을 확인하고 싶은 것이 인간이라면, 양극화로 점점 바닥으로 내몰리고 있는 대다수 보통사람들의 운명도 '슬픈 갑질'로부터 그리 자유롭지 못하리라는 전망이 가능하다.

교만에 빠진 이 시대 '승리자'들에 대한 경고

우리 사회의 양극화는 이미 기정사실이다. 금수저, 흙수저 이야기는 상식이 되었고, 교육을 통해서건 직업을 통해서건 계층 간 이동이 거의 불가능하다는 것은 젊은이들이 더 잘 알고 있다. 나이 든 사람들도 벼랑으로 몰리기는 마찬가지다. 대책 없는 노후를 맞은 이들이 무기력하게 남은 생을 버티고 있다.

양극화로 대표되는 오늘날 우리 사회에서 갑질은 신 계급 사회

출현의 상징이다. 그리고 신 계급 사회 피라미드의 상부를 차지하게 된 자들이 가지는 그릇된 '선민의식'의 발현이다. 한편으로는 경제 발전에 치중해 물신만을 쫓아온 우리 사회의 병폐, '승리주의'가 낳은 결과이기도 하다. 인간의 나약한 심성을 파고드는 '갑질'의 전염성이 우리 사회를 더 덮치기 전에 '갑질'에 오염된 우리 스스로를 먼저 돌아봐야 한다.

NCCK 언론위원회는 7월의 「(주목하는)시선 2017」로 '프랜차이즈 기업들의 갑질과 몰락'을 선정했다. 반만 맞고, 반은 틀린 셈이 되었다. 프랜차이즈 기업들이 갑질은 했지만, 몰락은 하지 않았기 때문이다. 이는 어쩌면 약자의 입장을 헤아리지 못하고 교만에 빠진 이 시대 '승리자'들에 대한 경고이자, 극심한 양극화로 치닫고 있는 사회 시스템에 대한 환기, 이 시대 그릇된 '선민의식'과 '승리주의'에 대한 반성, 그리고 그에 대해 상당한 책임을 나눠야 할 한국교회에 대한 경종이 아닐까?

선정 이후…

2017년 7월의 「(주목하는) 시선」으로 '갑질'을 선정한 이후 우리 사회는 더욱 많은 '갑질' 논란에 휩싸였다. 7월 말에는 이장한 종근당 회장의 운전기사 상습 폭행 폭언이 도마에 올랐고, 폭언과 성폭력을 일삼는 '갑질' 교수들에 대한 폭로도 이어졌다. 8월에는 군 수

뇌부의 공관병에 대한 갑질 논란이 있었고 이 일로 공관병 제도는 폐지되기에 이르렀다. 11월에는 한화 김승연 회장의 3남이 술집에서 변호사들에게 폭언과 폭행을 일삼았다는 폭로로 한화 가의 폭행이 다시 화제가 되기도 했다. 대한항공은 금년 4월에 또다시 갑질 논란이 일면서 그룹의 위기로까지 이어지고 있다. 작년에 조양호 회장의 큰 딸 조현아 씨의 '땅콩회항'사건에 이어 이번에는 둘째 딸 조현민 전무가 회의 중 광고대행사 직원에게 물컵을 던진 사건으로 총수 일가의 '갑질' 논란이 다시 불거진 것이다. 더욱이 회장 부인인 이명희 일우재단 이사장이 운전기사와 가정부, 직원 등에게 일상적으로 욕설과 폭언을 한다는 주장이 이어지고, 실제 폭언하는 음성 파일과 폭행하는 동영상이 공개돼 파문을 일으켰다. 동영상과 음성파일 속의 총수 부인은 정상이 아닌 상태로 보일 정도로 '갑질'

▲ 갑질 논란의 중심에 선 세 모녀. 이명희 조현아 조현민

의 행태가 충격적이었다. 또한 이 과정에서 이들 총수 일가가 상습적으로 자사 항공기를 이용해 해외 물품을 밀수하고 있었던 사실이 폭로되기도 했다.

이제 '갑질'은 우리 시대의 대한민국을 표상하는 단어가 되었다. 사회 구석구석에 전방위적으로 만연해 있던 온갖 '갑질'이 폭로되면서, 우리 사회가 얼마나 힘의 논리에 의해 일방적으로 짜인 구조인지 말해주고 있다. 대리점과 프랜차이즈업계에서 시작된 '갑질' 논란은 이제 대기업과 중소기업, 원청과 하청업체, 공공부문, 언론, 대학과 대학원, 남녀 관계 등 모든 분야로 확산되고 있다. 정부도 공공기관마다 갑질피해신고센터를 개설하는 등 갑질 근절에 적극 나서고 있다.

'갑질'은 우리 사회가 얼마나 서열화와 불평등이 일상화된 사회인지 말해준다. 여기에 한국 사회 특유의 권위적인 문화까지 더해지면 '갑질'이 성행할 여건은 충분해진다.

지난해 7월 「(주목하는) 시선」으로 '갑질'을 선정한 것은 우리 사회에 경종을 울리고자 함이었다. 그러나 1년이 지난 지금, 더 이상 '갑질'은 경종을 울려야 할 대상에 머물러 있지 않다. 그 사이 '갑질'에 대한 폭로는 일상화됐고 '갑질'에 대한 논의는 상당히 진전된 것으로 보인다. 이제는 더 적극적으로 '갑질'의 토양과 원인이 되는 문제를 해결해나가야 한다. 그 길은 우리 사회에서 일상화된 불평등을 구조적이고 제도적으로 해소해 나가는 길이 될 것이다.

2017년 8월의 시선

이주노동자의 눈물

심영섭

"즐거워하는 자들로 함께 즐거워하고 우는 자들로 함께 울라" (롬 12:15).

가족이 방문할 수 있는 비자도 받을 수 없었다. 물질을 숭배하는 고용주를 만나는 날에는 취업과 거주의 자유마저 박탈당하는 현실을 견뎌야 한다. 그들에게 희망은 가족과 함께할 수 있는 귀향이었지만, 귀향하기에 충분한 조건은 주어지지 않았다. 살아남기 위해서 견뎌야하는 겨울이 긴 만큼 그들의 영혼은 불안하고, 불안은 그들의 영혼을 갉아 먹고 있다.

잠들지 못하는 영혼

지난 8월7일 충북 충주의 한 부품 제조업 공장 기숙사 옥상에서 네팔 이주 노동자 케샤브 슈레스타(27)는 목매 숨진 채 발견되었다. 슈레스타는 "안녕하세요 여러분, 저는 오늘 세상과 작별인사를 합니다"라고 유서에 자신의 심경을 남겼다. 슈레스타가 남긴 작별인사에는 "건강 문제와 잠이 오지 않아서 지난 시간 동안 치료를 받아도 나아지지 않고, 시간을 보내기 너무 힘들어서 오늘 이 세상을 떠나기 위해 허락을 받습니다. 회사에서 스트레스도 받았고 다른 공장에 가고 싶어도 안 되고 네팔 가서 치료를 받고 싶다"고 적혀있었다. 슈레스타는 결혼한 지 고작 3개월 뒤 부인과 여동생을 고향에 남겨두고 한국으로 떠나왔다. 부품 제조 공장에 취직한 슈레스타는 주・야간 12시간씩 2교대로 1년 7개월 일했다. 그러나 얼마 전부터 그는 극심한 불면증을 앓았다. 지난 5월 회사는 슈레스타가 주간 근무만 하도록 근무시간을 바꿔줬지만 슈레스타가 뜬눈으로 지새우는 날이 늘어갔다. 그와 가까웠던 한 네팔 노동자는 "조용해서 잠이 잘 올 만한 공간을 슈레스타에게 빌려주기도 했지만, 건강이 나아지지 않았다"고 말했다. 슈레스타는 다른 직장에서 일하고 싶다는 이야기를 자주 했다. 그러나 그리움에서 오는 불면증부터 먼저 치료해야했기에 고향에 다녀올 예정이었다. 하지만 슈레스타는 다시 고향에 갈 수 없었다. 외국인노동자가 합법적으로 일하기 위해서는 고용허가제에 따라 E-9취업비자를 받아야 한다. 그러나

아내와 여동생이 있는 네팔에서 병치료를 끝냈을 때 한국 정부가 다시 그에게 취업비자를 준다는 보장은 없었다. 내일의 불안은 그의 영혼을 좀먹었다. "삶의 의미가 없다. 아무런 선택권이 없다"던 슈레스타는 "제 계좌에 320만원이 있어요. 이 돈은 제 아내와 여동생에게 주시기 바랍니다"라는 짧은 유언을 남긴 채 세상을 떠났다 (고한솔, 2017.8.10).

낯선 땅을 떠도는 영혼

2016년 8월 16일, 경기도 안성의 한 공장기숙사에서 필리핀에서 온 이주노동자 로델 아길라 마날로(35)가 사라졌다. 로델은 2012년 필리핀 바탕가스에 있는 고향집에 아내와 두 딸을 남겨두고 2626.48㎞를 날아와 경기도 광주의 한 공장에서 일을 시작했다. 로델

의 별명은 "취미가 알바"였다. 그의 동료들이 붙인 별명은 존경 같기도 했고 놀림 같기도 했다. 로델은 자신이 일하는 공장이 쉬는 날인 주말과 공휴일에는 어김없이 친구가 근무하는 공장 근처에서 아르바이트를 했다. 박스 공장에서 일당을 받고 허드렛일을 하거나 과수원에서 배를 땄다. 가족에게 한없이 헌신적이었던 로델은 자신에게 주어진 시간 대부분을 돈 버는데 바쳤다. 필리핀이주민 공동체에서 그는 농구를 잘하는 슈퍼스타였다. 그러나 '취미가 알바'일수록 주말농구대회에서 슈퍼스타로 갈채를 받을수록 로델은 두고 온 가족에 대한 그리움을 떨쳐낼 수 없었다. 외로움이 깊을수록 로델이 갖고 있던 우울증은 깊어갔다. 로델은 친구들과 일자리를 옮길 예정이었다. 로델은 야근을 해서 더 많은 잔업수당을 받고, 주말에도 아르바이트를 할 수 있는 곳이 필요했다. 그가 일하던 회사는 로델의 사정을 이해하고 이직할 기회를 주었다. 로델은 필리핀을 방문하고 돌아와서 새로운 일자리가 있는 경북 상주로 떠날 예정이었다. 고향방문을 위해 여행을 떠나기 전 날 로델은 친구 기숙사에서 쪽잠을 잤다. 다음날 로델은 그곳에 여권과 지갑, 신용카드, 외국인등록증, 한국 돈 13만 4천원과 미국 달러와 필리핀 페소, 인도네시아 루피아, 사우디아라비아 리얄 약간을 남겨둔 채 사라졌다. 그로부터 1년이 지났지만 그의 친구들은 여전히 로델이 마지막 쪽잠을 잤던 경기도 안성의 한천변과 그 주변에서 로델을 찾고 있다. 로델의 아내 메리 앤 아수그 마날로(35)는 사라진 남편을 찾기 위해 한국을 방문하고 싶었지만, 주필리핀 한국대사관은 비자를 발급

해주지 않았다. 사라진 남편 로델을 찾겠다는 가난한 아내 매리에게 자비는 없었다. '유엔 '경제적 · 사회적 및 문화적 권리에 관한 국제협약'은 노동자 가족의 관광이나 단기방문은 자유롭게 가능하도록 보장하도록 하고 있고, 한국도 가입한 이 협약에 가입했지만, 가난한 로델의 가족에게는 예외로 적용되었다. 매달 가족을 위해 필리핀으로 5만 페소(약 110만 8천원)를 보냈던 로델은 자신의 기숙사에 미화 1만 200달러(약 161만 7800원)와 딸에게 줄 장난감을 남겨두고 사라졌다. 로델은 우울한 날이 길어질수록 삶의 방향을 잃어버렸다. 외로움을 이겨낼 수 있도록 가족이 그의 곁을 지킬 수는 없었다. 가난은 로델이 사라지기 전에도 그리고 그가 사라진 지금도 그의 영혼에 안식을 가져다주지 않았다(이문영, 2017.8.20).

낯선 자에게만 가혹한 고용허가제도

한국은 1991년 산업연수제라는 현대판 노예 제도를 만들어 저임금으로 이주노동자를 고용하는 기형적인 제도를 도입하였다. 이때부터 산업연수생 신분으로 가난을 탈출하기 위해 한국을 찾은 이주노동자들은 노동자로서 최소한의 생존을 위한 대우도 받지 못한 채 저임금과 강제 노동, 산업재해, 폭언과 폭행 등 온갖 인권 침해와 차별을 견디며 살아야했다. 산업연수생은 미등록 이주노동자보다 임금에서도 차별을 받았기에, 산업연수생으로 입국한 노동자 대다수는 자발적 혹은 제도가 강제한 비자발적 미등록 이주노동자가 되었다. 이러한 이유로 2003년 전체 36만 명에 달하는 이주노동자 가운데 29만 명이 미등록 체류 상황이었다. 산업연수제도의 폐해를 극복하기 위해 정부가 2004년 도입한 새로운 제도가 고용허가제였다. 고용허가제는 대한민국 정부와 이주노동자가 떠나온 고국의 정부가 노동자의 귀국과 귀환을 책임지도록 하였고, 이주노동자도 노동법에 따라 '노동자'로 인정하였다. 인권, 노동권 침해 방지를 위해서는 외국인노동자전용보험의 도입(임금체불보증보험, 출국만기보험, 귀국보증보험, 상해보험)과 고용허가제를 운영하는 관할 부처인 고용노동부의 사업장 관리 감독 등이 제도화되었다. 그러나 여전히 이주노동자에게 한국에서의 삶은 고단하다. 여전히 그들은 자신을 고용한 사업장에서만 유효한 고용허가서를 받을 수 있고, 체류기간이 만료되면 돌아가야 한다. 가족결합은 허용되지 않고, 가족방문은 충분한 경제적 여유가 있음을 증명할 수 있을 때만 허용된다. 쇠고랑을 차지 않은 노예생활이 지속되는 것이다.

귀환할 수 없는 이산자

국내에 체류하는 외국인은 교육을 목적으로 입국할 경우에는 유학(D-2)이나 일반연수(D-4) 체류허가를 받는다. 그러나 노동을 위해서는 단순기능직종에 종사할 수 있는 고용허가(E-9)나 예

술흥행(E-6), 특정직종에만 근무할 수 있는 체류허가(E-7)을 받아야 한다. 한국 거주를 목적으로 할 경우에는 방문동거(F-1), 거주(F-2), 영주(F-5), 결혼이주(F-6) 체류허가를 신청할 수 있다. 그러나 단순직종에 종사하기 위해 입국한 외국인 노동자가 가족을 초청하여 방문동거 체류증(F-1)을 받기는 사실상 불가능하다. 그들은 정착을 허가받지 못한 낯선 자, 이산자(Diaspora)이기 때문이다. 한국 사회는 결혼을 통해 외국에서 이주하는 사람이나 일자리를 찾아 입국했다가 정착하는 노동자 같은 이주민(immigrant)과 해외동포로 조상의 모국(mother land)에 영주 귀국하는 귀환인(returnee)이 정주민(homelander)과 어울러 공존하는 사회이다. 그러나 명료히 이러한 사회를 정의하기는 어렵다. 여전히 한국 사회 주류는 낯선 문화를 포용하기 보다는 배척하고, 이주민이 한국 전통에 동화되거나 편입되기를 강력하게 요구한다.

우리에게 전자제품 도매상점 상호로 익숙한 '하이마트'(Heimat)는 '내가 태어난 집(Heim)이 있는 곳'이 곧 고향이라는 독일어에서 유래했다. 이 고향이라는 단어에 반대말을 등가적으로 표현하기는 매우 어렵다. 굳이 찾는다면 '아우스란트'(Ausland, 외국), '페르네'(Ferne, 먼 곳), '프렘데'(Fremde, 타지)정도인데, 이나마도 '인란트'(Inland, 내국), '내헤'(Naehe, 가까운 곳), '아인하이미쉬'(Einheimisch, 내지의)라는 등가적 표현이 있다. 본래 하이마트의 등가적 표현은 '엘렌트'(Elend, 비참함)이다. 엘렌트 어원은 중세독일어 '엘리렌디'(Elilendi)로 '집밖의 나라'라는 뜻이다. 엘리렌디는 태어난 곳이 '하임'(Heim, 집)이 아닌 '엘리'(Eli, 밖)라는 뜻이다. 이 '엘리렌디'(Elilendi, 집밖의 나라)는 게르만족이 기독교를 수용하면서 중세 게르만어에 기독교적 교리가 접목된다. 그 결과 엘렌트는 '나그네 되어 집밖에서 살거나 집밖에서 태어나 고향을 모르는 삶은 고단하고 힘겨운 삶, 비참한 삶'이라는 의미로 바뀐다. 그래서 지금도 고향인 하이마트의 반대말인 엘렌트는 '비참함'을 의미한다. 한국 사회에 정착한 이주민들은 한국을 고향이 아닌 엘리렌디로 인식할 수밖에 없다. 그들에게 비참함을 강요하는 한국 사회의 배타적 관습이 바뀌지 않는다면 한국은 하이마트가 될 수 없다. 이주1세대뿐만 아니라 그들의 후손들도 말이다.

네 이웃을 사랑하라 말한다. 이 사랑에는 조건이 붙어있지 않다. 예수는 제자들에게 "너희가 사람의 잘못을 용서하면 너희 하늘 아버지께서도 너희 잘못을 용서하시려니와, 너희가 사람의 잘못을 용서하지 아니하면 너희 아버지께서도 너희 잘못을 용서하지 아니하시리라(마 6:14-15)"고 가르쳤다. 잘못을 용서한다는 의미는 배타적인 사랑이 아닌 이타적인 사랑을 의미한다. 마치 자신이 진 빚 만 달란트(1달란트는 금 20~40kg의 가치)를 주인으로부터 탕감 받은 종이 자신에게 백 데나리온(1데나리온은 은 4kg의 가치)을 빚진 자를 용서하지 않았다가 주인에게 더 큰 벌을 받는 것과 같다. 만일 조건 없이 받았다면 조건 없이 나눠주는 것이 사랑이다. 눈앞에 있는 이웃을 사랑하지 못하는 사람들이 신을 사랑할 수 없듯(요일 4:20), 이주민에게 관용을 베풀 수 없다면, 자신이나 가족에게도 관용을 베풀 수 없는 것이다. 그것은 언제가 내가 낯선 곳을 여행할 때 받게 될 대접이기 때문이다.

예수도 노동 이주민의 아들이었다

헤롯이 저지른 광란의 시간을 피해 이집트로 떠난 요셉과 마리아의 가족도 이주노동자였다. 이스라엘에서 낯선 땅으로 떠난 목수에게 이집트 땅은 가족과 정착하여 예수와 그의 동생들을 키울 수 있는 기회를 주었다. 사막을 떠도는 자들에게 낯선 자에 대한 관용은 내가 언젠가 낯선 환경에서 받을 선의에 대한 준비과정이다. 자비를 베푼 만큼 자비를 받을 수 있다. 예수가 그의 부모와 다시 예루살렘을 찾을 수 있었던 것은 이산자에게 너그러울 수 있었던 정주자들의 관용이 있었기 때문이다. 그러나 이주노동자 200만 시대(2017년 7월 31일 기준 206만 3659명)의 한국은 2000년 전 이집트보다 못한 차별과 냉대로 이산자들의 영혼을 불안하게 만들고 있다. 슈레스타와 로델은 한국경제의 토대를 받쳐주는 이주노동자이다. 그러나 그들은 자신들의 노동으로부터 소외된 채, 한국 사회를 떠받치는 소모품의 하나로 전락했다. 그들의 인권과 노동은 그 어디에서도 정당하게 인정받지 못하고 있다. 이산자에게 타향은 고향이다. 자신이 새롭게 적응한 사회를 쉽게 떠날 수 없다. 떠나온 고향은 돌아갈 곳이지만, 지금 여기서 떠나기는 쉽지 않다. 이주노동자는 마치 소모품처럼 쓰이지만, 다시 반품할 수 없는 사람이다. 그들은 한국경제의 밑변을 떠받치는 노동자지만, 버릴 수 있는 생산수단은 아니다. 깨진 유리 창문 하나가 질서를 무너뜨리듯, 불안한 영혼은 토대를 무너뜨린다. 그곳에 한국경제의 밑변이 뿌리내리고 있다. 이주노동자의 외로움은 불안을 가중시키고, 불안은 영혼을 파괴하여 한국경제의 토대를 불안하게 만들 것이다. 이주노동자는 한국 사회의 풍요를 위한 수단이 아닌 공존해야할 이웃이다. 이제 우리 사회도 이주노동자의 눈물을 닦아줄 수 있는 관용을 제도화해야할 시점이다.

참고

고한솔 (2017.8.10.). "통장에 남은 320만원은 아내와 여동생에게 주세요" 한 네팔 노동자의 죽음. 한겨레신문.

이문영 (2017.8.20.). 그의 이주와, 노동과, 이산으로 지탱되는 '우리'. 한겨레신문.

2017년 9월의 시선

MB 국정원의 방송장악 문건

김주언

한국기독교교회협의회(NCCK) 언론위원회(위원장 이동춘 목사)는 2017년 9월의 「(주목하는)시선 2017」으로 'MB국정원의 방송장악 문건'을 선정했다.

2017년 9월 국정원개혁위원회가 공개한 문건에는 이명박 정부의 국가정보원이 KBS와 MBC 등 방송을 장악하기 위한 구체적 공작내용이 담겨 있었다. 방송사의 간부와 기자들을 사찰하고, 이를 토대로 정권에 비판적 언론인과 프로그램 등을 퇴출시키는 로드맵이 드러난 것이다.

구체적인 노조탄압 방식도 포함됐다. 본 위원회는 이명박 정권의 이러한 공작이 과거 전두환 정권이 언론장악을 위해 시도했던 방식과 매우 비슷하다는 데 주목했다. 방송장악의 모든 과정이 공개된 것은 아니었지만, 공개된 문건만 보더라도 그랬다.

위원회는 투표로 선출된 민주정부가 30여 년 전 쿠데타 세력의 폭압적 언론장악을 되풀이했다는 점에서 경악을 금할 수 없었다. 이 문건에서는 전두환 정권이 물러난 뒤 드러난 '건전언론육성 종합방안'이나 '언론창달계획' 등의 문건에서 드러난 방식과 유사점이 발견되었다. 전두환 정부 당시 언론인 사찰 보고서인 'K공작 계획'은 이번에 발견된 사찰문건을 연상시켰다. 특히 두 방송사 노조가 언론적폐 청산을 내걸고 사장과 이사장의 퇴진을 요구하며 총파업에 들어간 지 20여일이 지난 시점에서 이러한 문건이 밝혀졌기 때문에 파업의 정당성을 확인시켜주었다는 점도 주요한 선정요인이 되었다.

국정원서 공영방송 장악 시행

이명박 정부의 공영방송 장악은 청와대와 국정원에서 주로 시행한 것으로 드러났다. 국가정보원 개혁위원회는 국정원이 공영방송에 개입한 정황이 담긴 2건의 문건을 공개했다. 'MBC 정상화 戰略(전략) 및 추진방안'과 'KBS 조직개편 이후 인적쇄신 추진방안'으로, 국정원 실무부서에서 작성해 청와대에 보고했다. MBC 정상화 문건은 2010년 3월 2일 원세훈 전 국정원장에게 보고됐다. 고강도 인적 쇄신, 편파 프로 퇴출 등 구체적 이행방안이 적시됐다. 'KBS 조직개편 이후 인적쇄신 추진방안' 문건은 청와대 홍보수석실 요청으로 담당부서가 작성해 2010년 6월3일 보고한 것으로 확인됐다.

1. MBC 정상화 전략 및 추진방안(2010년 3월2일)

1) 신임사장 취임(2010.3.2.) 계기

- 노영(勞營)방송 잔재 청산
- 고강도 인적쇄신
- 편파프로 퇴출에 초점을 맞춰 근본적 체질개선 추진

2) 당면과제

(1) 노영(勞營)방송 척결

- 참여정부 시절 사장과 노조의 야합으로 노조에 광범위한 경영·방송 간여를 보장하도록 단협을 개정, 사내 위계질서 붕괴 초래
- 2009. 7월 불법파업시 노조위원장 외 여타 파업가담자에 대해 징계유예 등 불법적 집단행동을 관행인 양 묵인하는 분위기도 문제

(2) 편파방송 시정

- '밥그릇 지키기'에 골몰, 좌파세력에 영합하는 편파보도로 여

론을 호도하여 국론분열에 앞장

- 언론자유를 내세워 공정성을 보장할 수 있는 최소한의 내부 심의절차도 생략, 일부세력의 사유물로 전락

(3) 인적(人的) 쇄신

- 참여정부 시절 편파방송을 주도한 인맥이 건재, 노조를 방패막이로 정부시책에 저항하며 주류를 형성
- 방송에서도 좌편향 출연자들을 편중 섭외, 왜곡보도 악순환

* 김OO(세계는 그리고 우리는), 김OO(황금어장), 김OO(시선집중) 등

(4) 방만 경영 해소

- 광고수입으로 운영되는 유일한 전국방송의 프리미엄은 누리면서 이익금 재투자보다는 직원들 간 상여금 잔치로 탕진
- '표면상' 흑자 발표 등 부실경영 감추기에 급급
- 일산제작센터 건축비리 등의 진상규명은 외면한 채 입막음에 급급

3) 기본 전략

(1) 좌편향 인물 퇴출로 악순환 고리 차단

- 신임사장 취임 계기 지방사・자회사 사장단 재신임 여부를

검토, 노조 배후인물 및 전임사장 인맥 일소

- 편파-왜곡방송을 주도해온 제작 · 보도 · 편성본부 국장급 간부 전원 교체 및 건전성향 인사 전진배치
- 직무 전문성이 요구되는 일선기자 · PD들의 업무실적을 엄정 평가, 정치투쟁 · 편파방송 전력자에 대한 문책인사 단행

(2) 노영(勞營)방송 척결을 위한 근원적 해결책 강구

- 경영권 침해 독소조항이 포함된 단협개정에 본격 착수
- 노조 불응시 단협해지를 통보, 원점에서 재협상하는 방안 검토
- 노조의 불법파업 · 업무방해 행위는 사규에 따라 엄중 징계하고 주동자에 대해서는 적극적 사법처리로 영구퇴출 추진

(3) MBC 정체성 확립논의로 파행방송 행태에 경고

- 민영미디어렙 허가일정과 연계, 기형적 소유구조 문제를 공론화하여 공영방송 여부에 대한 정체성 논의 촉발
- 방문진 차원에서 철저한 관리감독으로 방만 경영 및 공정보도 견제활동을 강화, 스스로 민 · 공영 중 하나를 선택하도록 압박

4) 세부 추진방안

(1) 1단계(~2010. 3월): 간부진 인적쇄신 · 편파프로 퇴출로 기반 조성

- 지방사 사장들을 일괄 사퇴시켜 신임사장 친정체제 확립
- 편파방송을 방조해온 국장급 · 부장급 간부들에 대한 인적쇄신
- 정상화 저항 제작본부 산하부서 · 논설위원실은 대폭적 물갈이 인사
- 봄철 프로 개편 계기 좌편향 프로그램 · 제작진 전면 쇄신
- 편파방송 주도 시사고발프로(PD수첩, MBC스페셜, 후플러스, 시사매거진2580) 제작진 교체, 진행자 · 포맷 · 명칭 변경으로 환골탈태 추진

* 손OO, 김OO, 성OO, 김OO 등 진행자와 김OO 작가, 김OO 패널 등 반드시 교체

- 대외적 상징성 때문에 당장 폐지가 어려운 'PD수첩'의 경우 사전심의 확행 및 편파방송 책임자 문책으로 공정성 확보
- 사전 심의절차 및 사후 제재근거를 명문화, 저질 · 편파방송 재발 방지를 위한 제도적 보완책 마련

(2) 2단계(2010.4월~연말): **노조 무력화 · 조직개편으로 체질변화 유도**

- 노조의 업무방해 · 파업 등 일체의 불법행위에 대해 사규에 따른 징계는 물론 법적대응을 확행하여 고질적 정치투쟁 타성 제거
- 공정방송노조를 통해 좌파정부시절 비리의혹 및 노조 배후인물들의 부도덕성 등 내부비리 폭로 독려, 개혁 명분으로 활용
- 노조의 인사권 · 편성권 간섭을 보장한 단체협약 '독소조항' 개정
- '노동조합 및 노동관계조정법'에 의거, 2010. 7월부터 노조전임자 임금지급 금지 조치를 확행, 노조 전임자수 대폭 축소
- 지방선거 이후 시사교양국 '해편'에 초점을 맞춘 조직개편과 함께 일선기자 · PD들에 대한 전면적 물갈이 추진

(3) 3단계(2011년 이후): **소유구조 개편논의로 언론 선진화에 동참**

- 이OO 노조위원장 임기만료를 계기로 건전성향 노조위원장 당선을 측면 지원, 건전 노사질서 회복을 위한 단초 마련
- MBC 민영화 관련 정치권 반발을 막기 위해 방통위의 민영미디어렙 허가문제를 연계, MBC 스스로 소유구조를 개편하도록 유도
- 노조의 인사권 · 편성권 간섭을 보장한 단체협약 '독소조항' 개정
- 궁극적으로 MBC 구성원 스스로 민영화를 선택하도록 하여

현재 '多공영 · 민영' 체제를 '공영 · 多민영' 체제로 전환, 시장 원리 확립

2. KBS 조직개편 이후 인적쇄신 추진방안(2010년 6월3일)

1) KBS가 6월 4일 조직개편을 단행하고 곧바로 후속인사에 착수할 계획인 바, 면밀한 인사검증을 통해 부적격자 퇴출 필요

- 조직안정 차원에서 신편직제 충원 · 문제간부 교체에 초점
- 복무동향을 엄정평가, ▸좌편향 ▸무능 · 무소신 ▸비리연루 여부 기준 인사대상자 색출하되, 최소한의 기준만 제시하고 KBS에 일임

* 사원행동 가담자, '언론노조 KBS본부' 조합원, 편파방송 전력자 배제 주문

2) 중점 고려사항

(1) 좌편향 간부: 반드시 퇴출, 좌파세력의 재기 음모 분쇄

- 이OO은 좌편향 PD들과 네트워크를 유지하며 편파방송 획책
- 용OO은 '언론노조 KBS본부' 비호 · 반정부 왜곡보도에 혈안
- 윤OO은 불법행위 주도 전력에다 일선 PD들의 편파방송 행태 방치

(2) 무능 · 무소신 간부: 보직 변경, 완전 정상화를 위한 전열 정비

- 오OO은 좌파 눈치보기가 체질화되어 국정지원에 소극적 태도 일관
- 소OO은 편파방송에 대한 자성은커녕 좌파세력 비호 골몰

(3) 비리연루 간부: 신상필벌로 기강 문란행위 엄단

청와대의 구체적 방송장악 보고서

국정원과 청와대의 구체적 방송장악 보고서도 공개됐다. 국정원은 2009년 말 '라디오 시사프로 편파방송 실태' 보고를 통해 '손석희의 시선집중'에 대해 "안팎의 지탄 여론에도 아랑곳하지 않고, 좌파 논리에 경도된 편파보도로 정부 흠집 내기" 같은 표현을 쓰며 노골적 적개심을 드러냈다. 박근혜 정부 청와대는 방송통신심의위원회 야당추천 위원들의 정부비판 언행과 직원 성향, 부모 이력을 문제 삼기도 했다. 민간인 사찰이 방송인을 넘어 폭넓게 이뤄진 것으로 보이는 대목이다. 또한 '비서실장 지시사항 이행 및 대책 세부분석' 문건(작성시기: 2015년 3월부터 2016년 10월까지)은 언론을 통한 우호적인 여론조성을 지시한 내용이 나온다.

방송사 노조들은 이명박 정부의 방송장악에 맞서 파업투쟁을 벌였으나 부당해고나 중징계 등 상처만 받았다. 실제로 이명박 정

부가 '낙하산 사장'을 통해 MBC을 장악한 이후 8년간 해고자는 27명, 퇴직자가 166명에 이른다. 2012년 파업이후 부당해고와 징계 71건, 직무와 무관한 이른바 '유배지'로 쫓겨난 기자와 PD가 91명이었다. 고용노동부 서울지청은 MBC 전・현직 경영진의 부당노동행위에 대한 특별근로감독을 실시한 이후 경영진을 검찰에 고발했다. 부당노동행위로 조사를 받은 김장겸 MBC 사장은 해임됐다. MBC 정상화의 첫 삽을 뜬 셈이다.

고대영 KBS사장은 보도국장 시절이던 2009년 5월 '국정원 노무현수사 개입 의혹' 불보도 협조 명목으로 국정원으로부터 현금 200만원을 받았다는 의혹이 제기됐다. 국정원 개혁발전위원회는 노무현 전 대통령이 검찰수사를 받던 당시 국정원 정보관이 '국정원 수사개입 의혹' 기사를 보도하지 말아 달라고 KBS에 요청했다고 밝혔다. 당시 보도국장을 상대로 현금 200만원을 집행한 예산신청서와 자금결산서 및 담당정보관의 진술도 확보했다. 당시 보도국장은 고 사장이었다. 고 사장은 "돈을 받은 사실이 없다"고 주장했다. 언론노조 KBS본부는 고사장을 검찰에 고발했고 검찰은 고발인 조사를 벌이는 등 수사에 착수했다.

이밖에 MBC와 CBS 라디오 시사프로그램에 대한 대책을 담은 별도의 보고서도 공개됐다. 이렇게 공개된 방송장악과 관련된 문건은 극히 일부분에 불과할지도 모른다. 더구나 국정원 개혁위가 발표한 문건은 원본 자체가 아닌 원본을 토대로 정리한 것이다. 따라서 구체적인 내용이 숨겨져 있을 수도 있다. 언론노조와 언론시민단체가 국정원의 방송장악 문건 전체를 원본 그대로 공개할 것을 요구했던 이유이다.

이명박 정부는 방송장악과 동시에 문화예술인 블랙리스트를 만들어 이들의 방송출연을 금지시켰다. 더구나 이들이 출연한 영화를 제작한 영화사에 대한 세무조사 등을 통해 압력을 가했다. 한편으론 화이트리스트를 만들어 정권홍보에 나섰다. 이른바 '국뽕영화'와 극우단체의 관제데모가 그것이다.

박근혜 정부가 문화예술인 블랙리스트를 작성해 이들에 대한 지원배제를 실행한 것은 널리 알려져 있다. 김기춘 전 청와대 비서실장 등은 재판에서 유죄판결을 받고 구치소에서 복역 중이다. 이명박 정부가 방송장악과 방송 및 영화 출연 금지를 완성한 이후 박근혜 정부는 또 다른 블랙리스트를 만들어 이들에 대한 정부지원을 배제했다. 이로써 이른바 '좌파척결'을 완성한 것으로 보인다.

방송장악 문건에 드러난 로드맵이 그대로 실행되었음이 KBS와 MBC 노조의 자체조사를 통해 일부 밝혀졌다. 그러나 이 문건이 누구의 지시에 의해 누가 작성했으며, 실행주체는 누구인지 아직 정확하게 밝혀지지 않았다. 더구나 사찰문건이 매우 사사로운데다 구체적이기 때문에 내부협조자가 있을 것으로 보인다. 그러나 내부협조자도 아직 명확하게 규명되지 않고 있다.

특히 이명박 정부가 왜 방송장악을 시도했는지에 대해서는 아직 정확하게 밝혀지지 않았다. 이명박 정부가 집권초기 '광우병 촛불시위'에 놀라 무리수를 두었다는 분석도 있으나, 이것만으로 설명하기는 어렵다. 1997년 정권교체와 2002년 진보의 재집권이 자신들에 비판적인 언론 때문이라는 인식에서 비롯됐다는 논의도 있다. 언론을 장악해야만 보수의 영구집권이 가능할 것이라는 생각에서 무리하게 실행에 옮긴 것 아니냐는 추론도 가능하다. 그러나 이 역시 추측에 불과할 뿐이다.

국정원 개혁위원회는 이들 방송장악 문건을 검찰에 넘기고 수사의뢰를 권고했다. 검찰은 누구 주도로 어떤 과정을 거쳐 이런 계획이 실행됐는지 등을 수사했다. 파업 중이던 KBS와 MBC 노조는 문건대로 방송장악이 시행됐음을 증언했다. 노조는 프로그램 불방 및 제작진 퇴출 등을 복기하며 당시 주도자들을 중심으로 국정원 연계가능성을 추적했다. 언론노조 MBC본부는 "국정원 문건이 MBC에서 실제 어떻게 집행됐는지 사실관계를 확인했다"며 "대부분 국정원 지침대로 실행됐다"" 고 밝혔다. 검찰도 김우룡 전 방문진 이사장과 김재철 전 사장, 전영배 전 MBC보도본부장을 소환해 조사를 벌였다.

독재정권 시절로 퇴행한 방송정책

전두환 정권의 불법적 언론통제는 일견 사라진 듯했다. 그러나 이명박 · 박근혜 정부에서 다시 살아났다. 정부의 통제가 가능한 공영방송이 대상이었다. 미디어환경의 변화로 방송의 영향력이 커

진 탓도 있다. 다만 직접적이고 강압적인 폭력이 간접적인 저강도 전략으로 바뀌었을 뿐이다. 정치권력의 보도지침은 권력의 대리인인 경영진에 의해 치밀하게 실행됐다. 폭압적 언론인 강제해직은 기자와 PD의 해고나 부당전보로 대체됐다. 우호적 언론사에게는 종합편성채널을 선사했다. 인터넷 댓글 공작을 통해 여론을 조작하고 비판적 댓글은 삭제하거나 누리꾼을 형사처벌하기도 했다. 전두환 정권과 마찬가지로 전방위적 통제에 나선 것이다.

촛불항쟁 과정에서 '기레기'로 불리며 따돌림받던 공영방송 기자들은 광주시민에 붙잡혀 격리됐던 기자들과 무엇이 다를까. 공영방송을 향한 시청자들의 눈총과 외면은 광주MBC 건물을 휩싸고 타오르던 불길을 연상시킨다. 공영방송 경영진은 국정원 댓글사건이나 국정교과서 및 건국절 논란 등 정권에 불리한 내용은 방송하지 못하게 했다. 특히 세월호 참사는 금기어였다. 정권에 비판적 내용은 아예 전파를 타지 못한 것이다. 이에 반발하는 언론인들은 해고되거나 스케이트장 관리원 등으로 유배됐다. 특정인의 방송출연을 금지시키는 블랙리스트도 등장했다.

이명박 정부의 방송정책은 과거 독재정권 시절로 퇴행했다. 취임 초 이른바 '프레스 프렌들리'를 선언하며 언론과 우호적 관계를 맺겠다고 다짐했으나 말뿐임이 드러났다. 비판언론은 좌파매체로 규정하여 탄압하고, 우호적인 매체에는 방송사를 안겨주는 등 온갖 혜택을 베풀었다. 공영방송은 정부에 봉사하는 '관영방송'으로 전락시켰다. 정부가 직접 물리적 통제를 가하는 대신 대리인을 내세운 우회적 방법을 동원한 '저강도 통제'를 활용했다. 방송통신위원회, KBS와 MBC 등 공영방송사, 언론유관기관의 수장에는 측근들을 앉혔다. 이들 대리인은 비판적인 기자와 PD들을 해고하거나 징계하고 재판에 회부했다.

당시 여당은 2009년 7월 신문과 대기업이 지상파와 종편채널, 보도전문채널의 지분소유를 허용하는 미디어법 개정안을 날치기 처리했다. 이에 따라 정권에 우호적 보수신문에 무더기로 종합편성채널이 허가됐다. 종편사업자의 무더기 선정은 시장상황을 고려하지 않은 정치논리가 우선됐다. 2010년 12월 방송통신위원회는 종편사업자로 조선, 중앙, 동아, 매경을 선정했다. 방통위는 종편채널들을 위해 의무전송, 광고시간 대폭 확대, 편성규제 완화, 중간광고 허용, 직접광고 영업, 15~20번 황금채널 부여 등 특혜를 챙겨주면서 지원사격에 나섰다. 종편은 그동안 막말과 편파왜곡으로 시청자들의 지탄을 받았다.

박근혜 정부는 이명박 정부의 장악된 방송체제의 혜택을 받았다. 그러면서도 청와대와 방송사 사장에는 우호적 인사로 채웠다. KBS 앵커출신을 대변인으로 임명한 것이 대표적이다. 특히 KBS와 MBC 등 공영방송사의 여권추천 이사들은 대부분 뉴라이트 인사들로 채웠다. 물러난 고영주 방문진 이사장과 이인호 KBS 이사장이 대표적이다. 이들을 통해 친 정권 인사를 사장으로 선임하거나 추천했다. 세월호 참사 보도와 관련하여 길환영 KBS 사장이 중도 퇴진했으나 정권말기에도 자신과 코드가 맞는 사장을 '알박기'로 선임하여 정권교체 이후 퇴진압력을 받았다. 이들을 통해 비판적 언론인을 축출하고 정권홍보에 몰두하도록 했다.

세월호 참사 등 정부에 불리한 이슈에 대해서는 방송사 보도책임자들에게 구체적 보도지침을 내렸다. 이정현 전 청와대 정무수석이 김시곤 전 KBS 보도국장에게 행했던 '해경 비판을 자제하라'라는 '신보도지침'이 대표적이다. 정부에 비판적 프로그램은 아예 편성에서 제외토록 했다. '박근혜 정부를 도우라'는 윤세영 SBS회장의 보도지침처럼 방송사 경영진을 내세우는 간접적 방식도 동원됐다. 그래도 불편한 보도에 대해서는 고소・고발로 대응했다. 청와대는 언론사를 상대로 10건 이상의 소송을 제기했다. 카토 다쓰야 일본 산케이신문 서울지국장에 대한 명예훼손 고발 사건이 대표적이다.

방송노조의 투쟁은 이명박 정부 들어 혹독한 시련에 들어갔다.

YTN의 낙하산 사장 반대투쟁은 노조간부 6명의 해고와 조합원에 대한 중징계로 막을 내렸다. 이들은 법원의 해고무효 판결로 복직하거나 최근 9년 만에 제자리로 돌아갔다. MBC도 낙하산 사장 반대투쟁을 벌였으나, 170일 간의 기나긴 파업투쟁에도 불구하고 해직자와 징계자들만 양산하고 말았다. KBS도 낙하산 사장 퇴진투쟁에 나섰다가 무더기 징계자만 양산했을 뿐 효과를 거두지 못했다. 다만, 길환영 사장 퇴진 투쟁에서 성과를 거뒀을 뿐이다. KBS와 MBC 노조는 문재인 정부 출범이후 9월4일부터 사장퇴진 등 언론적폐 청산을 내걸고 파업을 벌인 끝에 정상화의 길에 접어들었다.

30년 주기로 언론적폐 청산

정치권력은 동서고금을 막론하고 우호적 여론을 조성하기 위해 온갖 수단을 동원한다. 이를 위한 가장 손쉬운 방안이 언론을 장악하거나 길들이려는 노력이다. 반면 언론은 독립성과 공정성을 생명으로 내세운다. 이 과정에서 둘 사이의 갈등은 불가피하다. 그래서 흔히 권력과 언론의 관계를 '불가근불가원'(不可近不可遠)이라고 말한다. 한국 현대사를 돌이켜보면 정권의 부침에 따라 언론도 많은 변화를 겪었다. 정권의 성향에 따라 언론도 커다란 영향을 받을 수밖에 없었다. 독재정권 시절 언론은 권력의 홍보도구 역할에 충실했다. 민주화 이후에는 '선출되지 않은 권력'으로 행세하며 "대통령을 만들 수 있다"는 오만에 빠지기도 했다.

한국의 민주주의는 두 차례의 시민항쟁을 통해 획기적 발전을 이뤘다. 특히 1987년 6·10시민항쟁 이후에는 제도적 민주주의가 자리 잡았다. 이를 통해 세 차례의 정권교체도 순리적으로 진행됐다. 이른바 '87년 체제'의 성립이다. 그렇지만 새로운 민주주의를 갈망하는 국민의 욕구는 아직도 현재 진행형이다. 1년 전 한국 사회를 휩쓸었던 촛불항쟁은 이를 잘 말해준다. 공정하고 평등한 사회에 대한 갈구는 '이게 나라냐'라는 외침 속에 고스란히 담겨 있다. 촛불집회에서는 검찰개혁, 언론개혁이 구호로 등장했다. '촛불혁명'으로 등장한 문재인 정부도 이를 내세우며 국가개조를 위한 적폐청산에 나서고 있다.

역대 정권의 과거사 청산은 30년을 주기로 발생한 시민항쟁의 결과물이라고 해도 과언은 아니다. 6·10시민항쟁 직후에는 대대적 '5공 청산'이 이뤄졌다. 이를 통해 전두환·노태우, 두 전직 대통령과 관련자들이 법의 심판을 받았다. 5·18 광주항쟁 희생자들에 대한 명예회복과 보상도 이뤄졌다. 전두환 정권의 언론학살에 대한 진상규명 노력도 있었다. 이 과정에서 언론사 통폐합, 언론인 강제해직, 보도지침 시달 등 총체적 언론장악 과정이 드러났다. 지난해 촛불항쟁 이후 등장한 문재인 정부는 국정원, 검찰, 경찰 등을 중심으로 적폐청산에 나섰다. 이 과정에서 국가정보원의 국정농단이 드러나면서 검찰이 본격 수사에 나섰다.

과거사청산은 노무현 정부 때 사회 각 분야에서 폭넓게 진행됐다. 국정원과 국방부, 경찰 등은 물론, 진실과 화해 위원회를 중심으로 건국이후 자행된 간첩조작이나 군 의문사 등 인권유린 실태를 조사하고 피해자 구제 및 보상에 나섰다. 당시의 과거사청산은 친일청산에까지 이르러 친일재산 일부가 환수되기도 했다. 특히 국정원 진실위원회는 이승만 정권 당시의 경향신문 폐간사건이나 박정희 정권 당시의 동아일보 기자 강제해직 및 백지광고 사태에 대한 진상조사도 진행했다. 국방부 과거사진상규명위원회는 전두환 정권 당시의 언론사 통폐합 및 언론인 강제해직에 대해 조사했다.

문재인 정부의 공영방송 적폐청산 작업은 아직 진행 중이다. 현재까지 국정원에서 나온 관련 문건은 빙산의 일각에 불과할지도 모른다. 이것만으로도 이명박・박근혜 정부가 얼마나 공영방송 장악에 혈안이 되었는지 증명된다. 그러나 문건에 나타난 계획이 누구를 통해 어떻게 실행되었는지 구체적 시행과정은 아직 밝혀지지 않았다. 검찰의 몫으로 남은 셈이다. MBC의 경우 김장겸 사장이 물러났지만, 방송적폐 청산을 위해 해야 할 일들이 산적해 있다. KBS 역시 방송적폐 청산과 진정한 국민의 방송으로 나아가기 위한 과제는 현업 방송인들의 몫으로 남아 있다.

방송의 자유와 독립을 위한 과제

방송의 자유와 독립은 반드시 실현해야 할 과제이다. 그러나 역대 정부는 우호적 여론을 조성하기 위한 방송정책을 펼쳐왔다. 공영방송사 경영진과 방송통신위원회 위원장 등을 코드에 맞는 인사들로 채우려 한 것이 대표적이다. 우호적 미디어환경을 조성하기 위해 종합편성채널을 허용하는 등 방송제도도 개편했다. 심지어는 청와대나 국정원이 나서 정부에 비판적 내용을 보도하지 못하도록 개입하기도 했다. 독재정권 시절에는 보도지침을 시달하거나 비판적 언론인들을 강제해고 했으나 민주화가 진전하면서 경영진을 대리인으로 내세워 우회적으로 통제했다. 아직도 '언론을 장악해야 정권을 잡을 수 있다'는 경구가 살아 있는 것일까.

공영방송이 진정한 국민의 방송으로 자리 잡으려면, 법과 제도의 개선이 시급하다. 정치권력이 입맛에 맞춰 공영방송을 농단하지 못하게 하려면 무엇보다도 지배구조의 개선이 시급하다. 현행 방송법은 사장을 선임하거나 추천하는 공영방송의 이사진을 정파에 따라 배분하도록 되어 있다. 따라서 정치적 입김으로부터 자유로울 수 없다. 정권이 바뀔 때마다, 공영방송사 사장의 퇴진을 놓고 여야가 공수를 바꿔가며 '적폐청산 대 방송장악'으로 대치하고 있는 것을 보아도 그렇다. 방송의 독립을 보장하기 위한 제작 자율성의 확보를 위한 제도도 도입해야 한다. 노사동수의 편성위원회 구성이나 편집권 독립 장치의 보완도 고려해야 한다.

그러나 법과 제도가 정비되더라도 방송의 자유와 독립에 대한 정부의 의지와 철학이 없으면 도루묵에 그칠 가능성이 높다. 국내 정치 개입이 법으로 금지된 국정원이 정치공작을 벌였다는 의혹이 드러난 것만 보아도 그렇다. 댓글공작이나 특수활동비 상납 등 이명박·박근혜 정부의 불법을 어떻게 설명할 것인가. 다행스럽게도 문재인 대통령은 방송의 독립을 보장하고 개입하지 않겠다고 천명했다. 이러한 다짐이 앞으로도 바뀌지 않기를 바랄 뿐이다. '프레스프렌들리'를 내세웠던 이명박 정부가 은밀하게 방송을 장악했던 전철을 밟아서는 안 된다. 정치권력은 민주주의의 기본은 언론의 자유와 직결돼 있다는 점을 명심해야 한다.

현업 방송인과 수용자인 국민의 각성도 필요하다. 공영방송 경영진은 현업인의 자율성과 독립성을 훼손해서는 안 된다. 정치권력과 대리인들이 방송장악을 기도하더라도 현업인이 적극 나서 방어해야 한다. 이번 방송노조의 파업을 바라보는 국민의 시선이 곱지만은 않다는 사실이 이를 잘 말해준다. 그래서 "정권도 나쁘지만 그렇게 장악당한 언론에도 많은 책임이 있다"는 문재인 대통령의 고언은 일면 타당성이 있다. 시청자인 국민의 각성도 필요하다. 방송의 독립과 공공성을 제대로 지켜나가는 지에 대한 감시태세를 늦춰서는 안 된다. 공영방송의 주인은 국민이며 이를 제대로 가꾸기 위한 책무는 국민에게 있다.

2017년 10월의 시선

보수 이데올로기가 되어버린 동성애

김주언

한국기독교교회협의회(NCCK) 언론위원회(위원장 이동춘 목사)는 2017년 10월의「(주목하는)시선 2017」으로 '보수 이데올로기가 되어버린 동성애'를 선정했다. 촛불혁명으로 대통령이 탄핵·파면되어 정권교체가 이뤄진 이후 일부 기독교계를 중심으로 한 보수진영이 새롭게 들고 나온 이슈가 이른바 '동성애'라고 보았기 때문이다. 이른바 '동성애'라는 말은 성소수자를 비하하는 용어로 국가인권위원회에서 사용하지 말도록 권고하고 있다.

그동안 보수진영은 진보진영을 '종북 좌파'로 매도하며, 반공을 보수 이데올로기로 활용해왔다. 그러나 그들이 '종북 좌파'로 비난해왔던 진보진영이 많은 국민의 지지를 얻어 정권을 쟁취한 이후 '동성애'라는 새로운 이슈로 들고 나온 것으로 판단된다. 그렇다고 해서 반공이데올로기가 완전히 사라진 것은 아니지만, 보수진영의 결집을 위한 새로운 도구가 '동성애'로 변화하고 있다는 조짐이 나타나고 있는 것이다.

기-승-전-동성애라는 보수이데올로기

이러한 조짐은 김이수 헌법재판소장 후보와 김명수 대법원장 후보의 인사청문회에서 '동성애'가 이슈로 부각됐을 때 드러났다. 두 후보는 그동안 법조인으로서 성소수자의 인권을 중시하는 의견을 제시해왔다. 그러나 김이수 후보는 결국 국회 문턱을 넘지 못했다. 일부 기독교계가 국회의원들에게 보낸 '동성애 인정하는 김이수 절대반대'라는 문자폭탄 때문이었다. 김명수 후보는 가까스로 국회인준을 받았지만, 청문회에서 곤욕을 치렀다. "성 소수자를 인정하면 근친상간, 소아성애, 시체성애, 수간까지 비화할 것"이라는 막말도 나왔다. 급기야 '기-승-전-동성애'라는 말도 나왔다.

소수자의 인권은 보호해야 할 중요한 가치이다. 그러나 이에 대한 논란으로 차별금지법 제정은 해묵은 과제가 되었다. 2007년 법안이 발의된 뒤 10년 동안 논란만 이어지고 있다. 이른바 '동성애 블랙홀' 때문이다. 차별금지법은 헌법의 평등이념에 따라 모든 영역에서 합리적 이유 없는 차별을 금지하는 내용을 담고 있다. 성별, 장애, 병력, 외모, 나이, 언어, 출신지역, 결혼여부, 종교, 사상, 성적지향, 학력 등을 이유로 차별해서는 안 된다는 것이다. 성소수자나 장애인 등 소수자의 차이는 인정하되 차별해서는 안된다는 원칙이 그것이다. 이중 문제되는 부분이 바로 성적지향이었다. 이른바 '동성애'나 '양성애' 등을 일컫는다.

'동성애'를 이슈로 내세운 차별금지법 반대운동은 개헌논의가 시작되면서 널리 벌어졌다. '동성애 옹호기관 국가인권위 헌법기관화 반대'나 '평등원칙중 인종 언어 추가와 성평등 규정 신설 반대' 등 온라인 서명 운동도 진행되었다. 국정원의 댓글공작처럼 인터넷 여론을 조작하려는 행동에 다름 아니다. 헌법상 '양성 평등'을 '성평등'으로 개정하자는 국회 개헌특위의 의견에도 파상공세가 나왔다. "동성애와 성전환이 헌법적 권리로 보장돼 동성애와 동성혼을 허용하려는 꼼수"라는 주장이다.

이와 관련된 법 제도와 지방자치단체의 인권조례 폐지운동마저 일어난다. 일부 국회의원은 이에 동조하여 혐오와 차별을 선동하기도 한다. 차별금지법의 제정을 추진하는 시민단체나 이를 지지하는 보도에는 어김없이 댓글폭탄이 떨어진다. 벌떼처럼 달려들어 온갖 욕설을 곁들인 문자폭탄이나 댓글공세가 이어진다. 에이즈의 확산을 조장한다는 근거 없는 주장도 반대논리로 등장한다. 심지어는 성경을 들먹이기도 한다.

성소수자 문제로 대립 중인 기독교계

성소수자 문제는 아직도 진행중이다. 해마다 퀴어문화축제가 열리는 6월이면 서울광장은 다양성을 상징하는 무지개색으로 뒤덮인다. 맞은 편에서는 보수 개신교계를 중심으로 퀴어축제에 반대하는 집회가 열린다. 수년 째 되풀이되는 익숙한 광경이다.

2018년 7월14일 오후 서울광장에서 열린 제19회 2018 서울퀴어문화축제에서도 이런 광경은 되풀이됐다. 태평로를 중심으로 서울광장에서는 퀴어문화축제가 열렸고, 맞은 편 대한문 광장에서는 동성애 퀴어축제반대국민대회(동성애반대 국민대회)가 동시에 열렸다. 서울광장은 발 디딜 틈 없이 인파가 몰렸다. 100여 개에 이르는 단체들이 부스를 열고 성소수자에 대한 이해를 높이는 정보를 제공했다.

개신교는 동성애를 놓고 찬반으로 대립해 있다. 물론 보수 기독교는 동성애 반대에 적극 나서고 있다. 성소수자의 인권을 내세우는 기독교 단체도 많다. 성소수자들의 교회인 로뎀나무 그늘교회, 감리교 퀴어함께, 대한성공회 용산나눔의 집, 기장 섬돌향린교회 등 5개 단체는 무지개예수 부스를 열고 축제에 참여했다.

무지개예수는 '다양한 성적 지향과 성적 정체성을 가진 사람들을 위한 축복식'을 열었다. 대한성공회 민김종훈 자캐오 신부가 집례했다. "이 자리에 모인 우리는 동등하며 독특합니다. 당신과 나는 똑같은 무게로 존중받아야 하며 나와 당신은 서로의 독특함을 존중해야 합니다. 우리는 이 땅의 모든 성소수자들과 사회적 소수자들을 향한 낙인과 혐오, 차별과 배제에 반대합니다. 우리는 서로를 향한 믿음과 자비, 그리고 소망과 사랑만이 이 세상과 우리를 구원할 수 있다고 고백합니다."

축복식에 참여한 목회자들은 성소수자 그리스도인과 문화축제 참가자들을 향해 꽃잎을 뿌려 축복했다. 참가자들은 무지개색 리본을 서로 이으며 연대의 뜻을 표시했다. 축복식은 섬돌향린교회 임보라 목사의 기도로 마무리됐다.

"저희가 마음의 눈을 깊이 뜨며 서로의 모습을 바라봅니다. 그 안에서 우리를 지으신 주님의 손길을 기억해 봅니다. 한 사람, 한 사람이 너무 소중합니다. 우리를 통해 하나님의 형상을 회복하고 기억합니다. 서로에게 이어져 있는 무지개 끈의 의미를 기억하게 하시고 어느 한 쪽이 아프면 다른 한 쪽이 아플 수 있음을 기억하게 하시고 서로를 보듬으며 서로 사랑으로, 축복하는 마음으로 서로를 세워갈 수 있도록 함께하여 주옵소서."

임목사는 지난해 퀴어 성서 주석본 발간에 참여하고, 퀴어문화축제에서 성소수자를 축복했다는 이유로 보수 장로교단인 예장합동 등 8개 교단으로부터 이단성 심사를 받았다. 임 목사는 그럼에도 불구하고 올해 퀴어문화축제에 참여했다.

반면 국내 최대 보수 장로교단 중 하나인 예장통합(총회장 최기학 목사)은 성소수자에 더욱 강경한 태도를 취하고 있다. 2018년 7월5일 예장통합 산하 신학교인 장로회신학대학교는 교단 내 신학교 최초로 신입생 반동성애 입학 서약 실시, 총장 직속 동성애대책자문위원회 조직 및 관련 규정 개정, 동성애 관련 학생 · 교원 · 직원의 정관 시행세칙 개정 등의 조치를 취했다. 예장 통합은 동성애 반대를 더욱 강하게 밀어 붙이고 있다.

보수 개신교계가 교리를 끄집어내 성소수자를 죄악시하는 경향은 여전하다. 동성애를 저출산 문제와 연결시키는 목소리도 새로 등장했다. 반대시위자들은 '엄마 아빠가 사랑해서 나를 낳았어요' '결혼은 한 남자와 한 여자의 결합' 등 구호가 적힌 손 팻말을 들었다. 동성애 반대 국민대회장을 맡은 최기학 목사는 "동성애(동성혼)가 합법화되면 가뜩이나 저출산이 국가 과제인데 남녀가 이루는 가정이 파괴될 것"이라고 주장하기도 했다.

동성애 혐오의 원조는 19세기 자본가들

그렇다면 보수 개신교가 동성애 혐오의 원조일까? 실제로는 그렇지 않다. 역사적으로 볼 때 19세기 자본가라는 것이 정설이다. 경제적 지배계층은 일반대중의 성 문제에 대단한 관심을 가졌다. 그들은 성과 관련된 대중의 가치관이나 사생활에 주목했다. 자신들의 장기적 이윤창출과 밀접한 연관을 맺고 있다는 생각 때문이었다. 그들이 가진 경제적 힘은 단순한 관심표명을 벗어나 성 문제를 통제하는 데까지 나아갔다.

프리드리히 엥겔스는 계급제 출현 이후 남성의 재산을 상속할 후계자를 안정적으로 확보할 목적에서 일부일처제가 나왔다고 지적했다. 엥겔스는 1884년 출간된 '가족, 사적 소유, 국가의 기원'에서 "일부일처제는 가족 내에서 남편의 지배와 부를 상속할 확실한 남편의 자식을 낳는 것"을 목표로 나왔다고 강조했다. "일부일처제는 결코 개인적 성애의 결과가 아니었으며, 이와는 아무런 관계가 없다. … 일부일처제는 자연적 조건이 아니라 경제적 조건에 기초한 것으로, 특히 자연적으로 성장한 원시적 공동소유에 대한 사적 소유의 승리에 기반한 최초의 가족 형태였다." 일부일처제는 계급제에 기초한 사적 소유 때문에 나왔다는 지적이다.

경제적 지배계층이 가장 선호하는 성의 구조는 '남성이 가장이 되고 여성이 보조자가 되며 두 부부의 아이가 미래의 노동자가 되는 것'이다. 미래의 노동자들을 안정적으로 출산할 수 있는 이런 구조를 경제적 지배계층은 선호한 것이다. 한국의 노비제나 고대 유럽의 노예제, 중세유럽의 농노제, 어느 시대나 지배층은 이런 구도를 좋아했다.

동성 간의 사랑이 늘어나면 출산율이 떨어져 노동자의 수가 줄어들 수밖에 없다는 게 이들의 걱정이었다. 이성 간에도 생식과 무관한 성관계가 늘어나면 미래의 노동자가 줄어드는 요인이 될 수 있다는 우려도 나왔다. 노동자가 줄어들면 이들을 고용하기 어려워져 생산이 감소할 뿐 아니라 노동자에 대한 대우를 높여야 하므로 이윤도 감소할 수밖에 없다고 염려한 것이다. 경제적 지배계층이 특히 경계한 것은 출산과 무관한 성관계였던 셈이다.

출산과 무관한 성행위를 지칭하는 용어도 따로 등장했다. 중세 유럽에서 유행한 소도미(sodomy)가 그것이다. 영국 미들섹스대학 역사학 교수인 노라 칼린(Norah Carlin)과 성소수자 전문가인 콜린 윌슨(Colin Wilson)의 공저 『동성애 혐오의 원인과 해방의 전망』은 이렇게 풀이한다. "소도미라는 말은 다양한 성적 죄악을 표현하는 데 사용됐다. 예를 들어, 9세기에 선교사였던 보니페이스는 근친상간, 혼음, 간통, 수녀와의 성관계 등은 모두 정액을 잘못 실어 나르는 부적절한 통로이기 때문에 소도미적 성욕이라고 규정했다."

동성애를 비롯해 항문성교, 구강성교, 수간(동물과의 관계)도 소도미로 분류됐다. 중세 유럽의 경제적 지배계층인 봉건 영주들이 소도미 방식의 성행위를 경계한 것은 경제적 부작용에 대한 우려 때문이었다. 이러한 성관계가 늘어나면 아이들이 가정의 울타리에서 성장할 수 없으므로 농노를 구하기 어려워질 것으로 판단했다. 그래서 봉건 영주들이 교회와 연합해 소도미를 규제했던 것이다.

그러나 생식과 무관한 성관계 규제가 지배계층 남성의 쾌락을 위해 유보된 사례도 적지 않다. 고대 그리스에서는 중년 남성과 소년 남성의 동성애를 미화하는 풍조가 있었다. 성과 관련된 규범을 만드는 것은 남성 지배계층이었으므로 이들의 필요를 위해 허용 범위가 조정된 것이다.

어느 시대든 동성애에 대한 부정적 시각이 있었다. 하지만 현대사회에서처럼 편견이 심한 적은 없었다. 기독교가 지배한 중세 유럽에서도 마찬가지였다. 동성애가 소도미의 일부로 간주돼 금기시되긴 했지만, 동성애를 따로 독립시켜 규제하지는 않았다. "19세기 말 이전에는 동성애라는 개념 자체가 존재하지도 않았다"고 노라 칼린과 콜린 윌슨은 말한다.

19세기 말부터 동성애가 독립된 '죄목'이 된 것은 자본주의와 관련이 있다. 자본주의시대처럼 노동자들이 중노동에 시달린 적은 드물다. 자본가들은 정치권력의 법적, 제도적 지원 하에 노동자들에게 중노동을 강요했다. 과거 유럽의 자본가들은 한국의 노비주나 중세 유럽의 봉건 영주보다 훨씬 더 가혹한 착취자였다. 이들은 공장 벽에 시계를 걸어놓고 일분일초를 아껴가며 노동력을 착취했다.

저임금과 영양부족 상태에서 중노동을 당하다 보니 노동자들의 평균수명이 줄어들 수밖에 없었다. 19세기 전반 영국 중산층 남성의 평균수명은 50세를 넘은 데 반해, 맨체스터, 베스널그린, 리버

풀 등 공업도시 남성 노동자의 평균 수명은 각각 17세, 16세, 15세에 불과했다. 영국 자본가들은 이런 상태가 노동자의 지속적 생산을 어렵게 만들지 않을까 우려했다. 지구상에서 노동자가 희귀해질 거라는 우려도 나왔다. 자본가 계급은 공장에서 노동자들이 채 몇 년도 일하지 못하고 죽어 나가면 자신의 이윤도 위협받는다는 것을 깨달은 것이다.

그래서 영국 자본가들은 노동자 주거환경을 개선하고 여성 노동자의 보호에 관심을 기울였다. 여성 노동자들이 가족 건강과 출산에 바칠 시간을 주기 위해 1844년에는 이들의 노동시간도 제한했다. 노동자 가정의 숫자를 늘리기 위해 자위행위와 혼외관계, 성매매와 함께 동성애를 금지하는 캠페인도 벌였다. 대중이 이런 성행위로 시간을 보내면 출산율이 떨어질 것이라는 계산에서였다. 이러한 캠페인 덕분에 노동계급 가족의 도덕적 가치가 새롭게 정립된 것이다.

19세기에 영국 자본가들이 기독교와 지식인들을 앞세워 동성애 반대 캠페인을 확대하다 보니, 자본주의 세계의 다른 국가들도 영향을 받지 않을 수 없었다. 동성애에 대한 부정적 시각이 19세기 말 이래로 세계 각국에 확산되는 요인이다. 동성애자들이 역사상 최악의 편견에 시달리게 만든 이유이기도 하다. 현재 일부 보수 기독교계가 성소수자 인권 탄압의 주역인 것처럼 보이지만, 실제로는 19세기 유럽의 자본가들이었던 셈이다.

동성애 반대라는 이데올로기의 역사적 맥락

이처럼 일부 보수 기독교계가 경제적 지배계층과 함께 동성애 반대를 보수이데올로기로 내세우는 데에는 역사적 맥락이 있다. 실제로 태극기와 성조기까지 휘날리는 집회현장을 보면 흡사 박근혜 전 대통령을 옹호하는 '태극기 집회'를 떠올린다. 태극기 집회도 보수 기독교계가 선도하고 있다는 점을 상기하면 이상할 것도 없다. 앞서 살펴본 것처럼 동성애 혐오의 창조자가 기독교는 아니다. 현대의 동성애자 차별구조를 창조한 것은 경제적 지배계층이었다. 그러니 지배계층의 이데올로기를 옹호하는 보수기독교가 동성애 반대를 외치는 것은 어쩌면 당연한 이치일지도 모른다.

실제로 성소수자 혐오는 한국의 보수 개신교를 통해 조장되고 있다. 교회는 그동안 누군가를 빨갱이로 몰아가며 사람들을 모았지만, 지난해 촛불 혁명으로 빨갱이 프레임이 잘 먹히지 않자 더욱 성소수자 혐오를 심화하게 됐다는 것이다. 기독교계 토론회에서 김경호 목사는 "누군가를 함께 혐오하면 모르는 사람과도 금방 절친한 동지가 된다. 기독교의 혐오는 정치적으로 이용돼 왔다. 현재 한국 보수 개신교가 성소수자 혐오로 사람들을 규합하려 한다"고 지적했다. "반동성애 운동에 돈은 보수 개신교가 댄다. 한국 개신교는 매일 천국 지옥 타령만 한다. 역사문제에는 무지하고, 현실감각이 없다. 열정은 넘친다. 그러니 항상 정치세력에 이용당한다. 기독교인이 마지막 궁지에 몰려 퇴출 위기에 처한 극우세력의 마지막 방패가 되고 있다."

차별금지의 원칙은 인권을 인권이게 만드는 본질이다. 유엔은 인권선언에 따라 회원국에 차별금지법을 제정토록 권장한다. 유엔 사회권위원회는 2009년에 이어 지난해에도 한국정부에 '포괄적 차별금지법' 제정을 권고했다. 사회권위원회는 한국정부가 "차별금지 사유를 둘러싸고 공감대를 형성하기 위하여 적극적이고 효과적인 조치를 충분하게 취하지 않았다"고 지적했다. 위원회는 법 제정의 '긴급성'(urgency)을 지적하고, 18개월 안에 이행상황을 보고해야 할 3대 과제 중 하나로 꼽았다. 특히 헌법 개정 때 이를 완전하게 반영토록 했다.

유엔 사회권위원회는 사회권 규약(1966년 제정, 1976년 발효)에 가입한 국가들의 규약 이행사항을 점검하는 전문가 그룹이다. 사회권 규약은 국제인권협약으로 차별금지, 성평등 보장, 노동권, 사회보장권, 건강권, 교육권 등을 포함한다. 한국은 1990년 가입한 뒤 2001년, 2006년, 2009년에 이어 올해 네 번째 규약이행 심의를 받았다. 권고건수는 2001년 30건에서 2009년 83건으로 크게 늘었다. 무더기 권고가 쏟아진 이명박 정부 이후 올해에도 대부분 되풀이됐다. 이명박·박근혜 정부의 인권성적표가 매우 초라했음을 반증한다.

사회권위원회는 이밖에 "모든 사람이 노조에 자유롭게 가입할 수 있도록 보장하고, 노조활동에 대한 자의적 개입을 예방하도록 노동법을 개정할 것"을 권고했다. 국제노동기구(ILO) 협약 87호(결사의 자유 및 단결권 보호)와 98호(단결권 및 단체교섭권)의 비준도 권장했다. 협약비준은 문재인 대통령의 대선공약이다. 비준이 완료되면 해고자를 조합원으로 두고 있다는 이유로 '노조 아님' 통보를 받은 전국교직원노조나 설립신고를 반려한 전국공무원노조가 합법화할 수 있다. 또다른 해묵은 과제를 풀 수 있는 길이 열리는 셈이다.

차별금지법 제정이 최우선 목표

촛불항쟁도 1주년을 넘어섰다. 매서운 추위를 무릅쓰고 광장에서 촛불을 들었던 시민의 요구는 단순히 박근혜 퇴진만이 아니었다. '이게 나라냐'라는 외침 속에는 인권이 존중받는 사회에 대한 염원이 스며 있었다. 평등하고 공정한 사회에 대한 기대가 용솟음쳤다. 새로운 민주주의를 만들자는 준엄한 요구였다. 그러나 차별금지법에 대한 정부와 국회의 의지는 아직 확고하지 않다. 국회는 반대세력에 동조하거나, 오히려 혐오를 선동하는 데 앞장선다. 문재인 대통령은 2012년 차별금지법 제정을 약속했지만, 올해 문재인 정부 100대 국정과제에서는 누락됐다.

차별금지법은 인간의 존엄과 평등 이념을 실현하기 위한 최소한의 인권기본법이다. 개헌논의가 진행 중인 시점에서 차별금지법은 반드시 제정돼야 한다. 정부와 국회는 '사회적 합의' 운운하며 혐오를 선동하는 여론에 귀를 기울여서는 안 된다. '촛불혁명으로 탄생한 정부'가 촛불민심을 외면할 수는 없다. 인권선진국으로 나아가려면 유엔의 권고를 충실히 이행해야 한다. 문재인 대통령은 내로라하는 인권변호사 출신이지 않은가.

상황이 이런데도 한국 교회는 동성애에 관한 논의가 부족하다. 한 토론회에서 이영미 교수는 성소수자의 존재를 저 멀리 어딘가에 있는 사람으로 바라보는 한국교회가 시각을 바꾸어야 한다고 강조했다. 이 교수는 "교회가 성소수자 문제를 다룰 때 우리와 함께하는 가까운 존재라는 실체를 놓치지 말아야 한다. 이들이 다수의 폭력적 언어에 희생되는 존재라는 사실을 기억해야 한다"고 지적했다.

실제로 동성애자에 대한 세계교회의 미국, 캐나다, 독일 등의 교회에서는 평신도와 성직자의 동성애를 인정하고 있다. 세계 20여

▸ 퀴어문화축제 참여자들

개국에서는 동성 간의 결혼(동성혼)을 인정하고 있다. 그만큼 세계적으로 소수자의 인권신장을 위해 노력하고 있다는 반증이다. 특히 유엔은 소수자의 인권을 보장하도록 회원국에 권고하고 있다. 이런 시점에서 '동성애'가 새로운 보수이데올로기로 등장하고 있는 한국사회의 퇴행이 안타깝기만 하다.

19세 현장 실습생의 죽음과 노동이 배제된 한국형 민주주의

한홍구

한국기독교교회협의회(NCCK) 언론위원회(위원장 이동춘 목사)는 2017년 11월의「(주목하는)시선 2017」로 '19세 현장 실습생의 죽음과 노동이 배제된 한국형 민주주의'를 선정했다.

위원회는 계속되는 현장 실습생의 죽음에 대한 이 사회의 동정주의적 대응과 그것을 넘어서지 못하는 언론 보도의 현실을 주목했다. 정부는 또다시 낯설지 않은 대책을 내놓았고, 언론은 한 젊은이의 죽음을 개인적인 불행으로 취급했으며, 대중은 안타까운 죽음이라고 눈물지었다. 하지만 왜 이러한 사건이 반복되고 있는지, 어디서부터 잘못되었고 어떻게 고쳐나가야 하는지 이 사회의 구조적 모순과 근본적 대책을 이야기하는 것을 찾아보기 힘들었다.

본 위원회는 1987년 민주화 이후에도 한국민주주의가 비틀거려야 했던 중요한 이유로 "국내총생산 세계 11위 경제 선진국" 대한민국의 노동문제에 대한 이해가 최하위 수준에 머물러 있는 현실과 노동이 배제된 민주주의를 꼽았다. 이것이 본 위원회가 19세 현장 실습생의 죽음에 주목했던 이유이다.

또 죽었다

또 죽었다. 제주의 19세 민호. 이민호 군이 숨지고 일주일 뒤 안산의 산업체 현장에서 실습하던 학생이 회사 옥상에서 투신했다. 제2, 제3의 민호들이 당하는 사고가 오늘도 끊임없이 벌어지고 있지만, 잠시 큰 사고가 날 때 반짝 관심을 끌 뿐, 또다시 묻히고 말 것인가? 이번만은 달라야 한다는 다짐이 곳곳에 보이고, 정치권에서도 여러 가지 대책을 내놓고 있다. 그 대책이 낯설지 않다. 2017년 1월 콜수를 채우지 못했다는 문자를 남기고 저수지에 몸을 던진 LG유플러스 고객센터 실습생 홍모 양 사건 때도, 가방 속에 컵라면을 남긴 채 사고를 당한 2016년 5월 구의역 김 군의 사고 때도, 아니 멀리 거슬러 올라가 2011년 말 광주의 한자동차공장에서 주 70시간 가까이 일하다 의식을 잃고 쓰러진 김 군의 사건 때도 비슷한 대책은 다 나왔었다(2017년 3월 18일 방영된 SBS 〈그것이 알고 싶다〉에 따르면 김 군은 아직도 의식을 회복하지 못하고 있다).

한겨레와 SBS는 이명박 정권 이후 실업계 고등학교가 취업률에 목을 매게 된 경위를 밝히고 있다. 1973년 박정희 정권은 '산업보국'의 이념에 따라 실업계고 학생들이 의무적으로 현장실습을 나가게 만들었다. 시간이 흐르며 "실업계고 학생들의 현장실습은 점차 열악한 산업현장에 '값싼 노동력'을 공급하는 수단으로 변질되기 시작"했다. 노무현 정부는 2006년 5월 현장실습을 교육의 일부분으로 복원시키기 위해 "3학년 2학기 수업을 3분의 2 이상 이수하고, 졸업 뒤 취업이 보장된 경우에만 현장실습을 보낼 수 있도록" 규정하는 '실업계고교 현장실습 운영 정상화 방안'을 마련했다. 그러나 이명박 정부는 "2학기 수업의 3분 2 이상을 이수하고 취업이 확정돼야 현장 실습에 나갈 수 있다는 조항을 불필요한 규제로 보고 폐지"해버렸다는 것이다. 이제 취업률을 높이면 여러 가지 인센티브가 주어졌고, 취업률이 낮으면 학교 통폐합 같은 극단적인 불

이익을 주는 정책까지 생겨났다. 박근혜 정부는 '산학일체형 도제학교'라는 명목 하에 2학년 1학기부터 학교와 기업을 오가며 직업훈련을 받는 제도를 만들었다. 이런 조기취업정책은 당연히 학생들을 질 낮은 일자리로 내몰았다. 학생들을 값싸고 게다가 마구 부려먹을 수 있는 노동력으로 취급하는 기업의 문제점이야 모든 언론이 잘 지적하고 있다. 특성화 고등학교의 실습생 뿐 아니라, 대학생으로 현장실습을 나간 학생들 역시 심각한 노동착취를 당하고 있고, 또 산재에 내몰리고 있다.

거대한 불법 파견업체, 학교

이민호 군은 지난 9월 고장이 잦은 기계를 고치다 떨어져 갈비뼈를 다치는 사고를 당했다. 담당교사는 9월과 10월 두 차례 이민호 군이 일하는 회사로 순회지도를 나갔지만, 이군은 공장이 여름에 더워 힘들었다는 불만만 이야기했을 뿐, 자신이 다친 사실을 말하지 않았다. 무엇이 그의 입을 다물게 만들었을까? 만약 이민호군이 그때 실습을 그만두고 학교로 돌아오겠다는 뜻을 표명했으면, 교장선생님이나 담당선생님은 어떤 반응을 보였을까? 학생들은 실습을 그만두고 돌아온 경우 처벌을 받는다고 말하고 있다. 인내심이 없다는 야단을 맞고, 후배들 생각해서 참고 일하라는 훈계를 듣고, 그래도 실습을 포기하고 학교로 돌아오면 빨간 조끼를 입히고,

사회부적응자 프로그램을 돌리고, 수업 대신 청소를 시키고, 빽빽이(빽빽하게 쓰는 반성문)을 쓰게 하고 또 수업 대신 교장, 교감선생님과 원치 않는 등산을 간다는 것이다.

11월 27일자 SBS 뉴스의 앵커와 기자가 마무리 문답에서 기업·정부·학교의 3각 구도를 지적한 것은 정곡을 찌른 것이다.

〈앵커〉: 사실 처음에는 기업 탓을 많이 했었는데, 설명을 들을수록 기업, 학교, 정부, 이 셋 모두에 책임이 있는 것 같습니다.
〈기자〉: 기업은 값싸고 부리기 만만한 노동력으로 이득을 보고 정부는 청년 취업률이 높아져 정책이 성공했다며 대대적으로 홍보했죠. 학교는 각종 지원금을 받았고요. 이 3자가 모두 이득을 누리는 동안 현장실습의 문제는 더욱더 심각해지고 있는데요, 과연 해법이 뭔지는 계속 취재해서 보도해 드릴 계획입니다.

학교가 변해야 한다. 학생들은 노동인권이 무언지, 근로기준법이 무언지, 현장에서 부당한 처우를 당했을 때 어떻게 대처해야 하는지, 아니, 무엇이 부당한 처우인지 무엇이 내 권리인지 배우지도 못한 채 현장으로 내몰리고 있다. 하종강 교수는 2011년 기아차 광주공장 실습생 김모 군의 사고 이후 이렇게 지적했다. "학교에서 노동인권교육을 전혀 실시하지 않아 학생에서 노동자로 신분이 변동된 뒤 자신을 방어할 능력이 갖춰지지 않는다는 점이었다. 노동법 등에 대한 예비지식이 거의 없어 실습 현장에서 부당한 대우를 받아도 그것이 부당한 것인지조차 인식하지 못하고, 설령 인식한다고 해도 어디에 하소연해야 하는지 알지 못하는 경우가 허다하다는 것이다. 일선 학교 입장에서도 노동인권교육을 담당할 강사 인력과 예산이 턱없이 부족해 시행할 엄두조차 낼 수 없는 현실이라는 것이다." 과연 이 현실은 얼마나 달라졌을까? 선진국의 교육은 어떨까? 독일이 초등학교에서 1년에 6차례나 역할을 바꿔 노동자 입장에서, 경영자 입장에서 정부기관 입장에서, 시민의 입장에서 각각 모의단체교섭을 체험해보게 한다거나, 프랑스 고등학교 1학년 사회 과목에서 '단체교섭의 전략과 전술'이 교과서 전체의 3분의 1이나 된다는 이야기는 그저 외국이 아니라 무슨 외계의 딴 별나라 이야기처럼 들린다. 학생의 대부분이 노동자, 그것도 비정규직이 되어야 하는 차가운 현실에서 학생들에게 최소한의 노동인권교육도 실시하지 않는다는 것은 교육범죄이다. 2017년 3월 18일 방영된 SBS 「그것이 알고 싶다」 '죽음을 부른 실습 – 열아홉 연쇄 사망 미스터리'에서 한 노무사는 현장실습이 비정규직으로 조기 진입하는 창구가 되고 있다며, "학교가 거대한 불법 파견업체로 전락"해 가고 있다고 절규했다.

이라크 전장터보다 훨씬 위험한 우리의 노동 현장

어디 제주의 이민호 군 뿐이랴. 1년에 산재로 죽어나가는 노동자가 얼마나 될까? 세월호 사건 직후인 2014년 5월 14일 「경향신문」은 '한국 사회의 민낯'으로 우리의 노동현장이 이라크 전장터보다 훨씬 위험하다는 기막힌 기사를 실었다. 이라크 전쟁 10년 간 미군 병사는 한 해 450명 사망한 반면, 한국에서 지난 10년 간 산업재해로 사망한 노동자 수는 매년 평균 1,929명으로 4배에 달한다는 것이다.

한국의 언론과 교육에서, 아니 정치와 사회에서 노동은 철저히 배제되어 있다. 전근대 농경사회에서 근대 산업사회로 전환하는 과정이 식민과 분단과 전쟁과 학살과 군사독재로 점철되다 보니 "국내총생산 세계 11위 경제 선진국" 대한민국이 노동문제에 대한 이해는 최하위 수준에 머물러 있다. 1987년 민주화 이후 한국민주주의가 비틀거려야 했던 중요한 이유는 노동이 배제된 민주주의였기 때문이다. 1987년의 헌법 개정은 7, 8, 9월 노동자 대투쟁의 와중에 진행되었지만, 대투쟁의 열기를 전혀 담지 못했다. 6월 항쟁 이후 자연스럽게 제기된 민족민주운동의 과제는 7, 8, 9월 노동자 대투쟁으로 분출된 노동문제와 1988년의 통일운동으로 폭발한 통일문제(분단해소문제)였다. 최근의 촛불항쟁으로 한국의 민주주의는 새로운 단계를 맞이했지만, 민주주의의 성숙을 위해서 절실히 요청되는 것이 바로 이 두 가지, 노동문제와 분단문제에 대한 인식변화이다. 하종강 교수는 식민지(40년) → 분단(70년) + 군사정부(30년)로 이어진 왜곡된 역사 발전 과정 속에서 '깨어 있는 시민'들조차 노동운동에 대한 시각은 극우보수에 가까운 비정상적 현상이 한국 사회에 형성되었다고 지적한다. '노동문제'를 제기해서 개혁에 재뿌리지 말라거나, 이명박, 박근혜 때는 찍 소리도 못하다가 문재인 정권 들어서니 파업하니 문재인 정권이 만만해 보이냐, 노조 놈들이 촛불에 무임승차하고 있다 등등의 발언은 SNS에서 쉽게 찾아볼 수 있다. 이런 천박하면서도 위험한 인식이 진보진영 내에 자리잡게 된 데에는 언론의 책임이 크다. 이민호 군의 죽음을 계기로 특성화고 현장실습 문제에서 "과연 해법이 뭔지는 계속 취재해서 보도해 드릴 계획"이라는 기자들의 다짐이 노동과 민주주의의 상관관계로 심화되어가기를 바랄 뿐이다.

이민호, 그 후

안타깝지만 예상은 거의 들어맞았다. 이민호 군이 세상을 떠나고 100일이 지나고, 200일이 지났건만, 진상규명, 재발 방지, 책임자 처벌, 추모 사업 어느 것 하나 제대로 진행되는 것이 없다. 이민호 군의 목숨을 앗아간 공장은, 바로 그 기계는 슬그머니 다시 작동하기 시작했다. 사건이 나고 8개월이 지난 2018년 7월 말 후속보도들을 찾아보니 중앙일간지로는 한겨레만이 1월부터 5월초까지 6차례 보도했을 뿐, 대부분의 신문은 침묵을 지켰다. 교육감을 뽑는 지방선거의 영향 때문인지, 이민호 군 사건은 사건이 발생한 제주지역의 문제로 축소되고 말았다. 이민호 군의 죽음을 계기로 특성화고 현장실습 문제에서 "과연 해법이 뭔지는 계속 취재해서 보도해 드릴 계획"이라는 기자들의 다짐은 안타깝게도 남북정상회담, 조미정상회담 등 엄청난 뉴스에 묻혀버렸다. 「프레시안」이 이민호 군의 사망 7개월을 맞아 "제주 실습생 사망 7개월, 자식 잃은 아버지는 지금… 현장실습 도중 사망한 이민호 군 이야기"라는 심도있는 기사를 내보냈는데, 「죽음 그후 ①」 이라는 부제를 달았지만, 한 달이 지난 현재까지 아직 후속기사가 나오지 않았다.

하루에도 5~6명의 노동자가 산업재해로 죽어가지만, 유독 이민호 군의 사건이 문제가 된 것은 그가 아직 고등학교도 졸업하지 못한 어린 학생이었기 때문일 것이다. 열악한 실습현장을 제대로 관리감독하지 못한 데 대한 추궁이 이어지자 교육당국은 실습생들은 학생이지 노동자가 아니라며 임금을 받는 것이 아니라 하루 1만원의 수당을 받도록 해야 한다는 현실과 동떨어진 방안을 내놓았다. 제주도교육청에 따르면 이민호 군 사망사건이 실습생을 '학생'이 아닌 '근로자'로 보는 시각으로 인해 사건이 발생했다는 것인데, 시간 당 최저임금이 1만원에 육박하는 현실에서 하루 수당 1만원으로 일할 학생이 있기나 할 것인가? 교육당국의 책임만 모면하려고 내놓은 현실과 동떨어진 전형적인 '탁상행정'이었다. 학생인 동시에 노동자일 수밖에 없는 실습생을 억지로 학생으로만 규정하여 문제를 해결한 것처럼 호도하는 것이다. 교육당국이 내놓은 발상은 문제의 근원적인 해결과는 너무도 거리가 있었다. 6개월이든, 3개월이든 실습생 기간을 사고 없이 넘긴다 해도 스무살 노동자인 졸업생이 맞이해야 할 노동현실은 여전히 열악하기 짝이 없기 때문이다. 교육당국은 학생들의 조기취업 기회를 없애 특별히 시끄러운 학생의 산업재해를 '방지'할 뿐, 그들이 성인노동자가 되어 직면하게 될 노동현실에 대해서는 관심이 없다.

노동인권이 존중되는 사회

사건이 일어난 직후인 2017년 12월 1일 김상곤 사회부총리 겸 교육부 장관은 2018년부터 조기취업 형태 현장실습을 폐지하겠다는 방침을 밝혔다. 학생들을 싸게 마구 부려먹을 수 있는 노동력으로 전락시킨 특성화고의 현장실습이 너무나 많은 문제점을 갖고 있어 특단의 조치가 필요한 것은 분명했지만, 당사자인 특성화고 학생들은 정부가 내놓은 '대책'에 대해 거세게 반발했다. 학생들이 요구했던 것은 실습하다 죽지 않게 안전하게 일할 수 있고, 법을 어기는 업체나 기업주를 처벌하여 실습생들의 인권이 보장될 수 있도록 해달라는 것이었지만, 정부의 대책은 실습을 없애는 것에 가까웠다. 2018년 1월 10일 서울시 의회가 서울특별시교육청 노동인권교육 활성화 조례를 통과시킨 것은 다행스러운 일이다. 경기, 대전, 전남 교육청에서도 노동인권교육 관련 조례를 제정했었지만 의무실시를 규정한 것은 서울시교육청 조례가 처음이라고 한다. 서울시 교육청 조례는 노동인권교육의 목적을 "학생이 노동의 가치와 중요성을 인식하고 노동인권과 관련한 문제해결 능력을 갖도록 함으로써 노동인권이 존중되는 사회"를 만드는 것으로 규정하고 있다. 노동인권과 관련한 문제해결 능력은 어떻게 키울 것인가? 인권교육에서 가장 중요한 것은 부당한 일을 당했을 때 아니라고 당당하게 말할 수 있는 능력을 키우는 것이다. 아니라고 말하는 것은 현장에서는 정말로 어려운 일이다. 앞서 지적했듯이 갈비뼈를 다친 이민호 군은 아파서 쉬겠다는 자신에게 강압적으로 작업지시를 하는 상급자에게도, 담당교사에게도 아니라고 말할 수 없었다. 학생들이 요구하는 것은 가뜩이나 열악한 취업환경 속에서 실습마저 없어지는 것이 아니라, 실습현장에서 부당한 일이 발생했을 때, 아니라고 이야기할 수 있는 환경을 만들어 달라는 것이다.

노동문제의 해결은 결코 교육당국만이 떠맡을 일도 아니고, 하루아침에 해결책을 만들어낼 수 있는 문제도 아니다. NCCK 언론위원회는 우리의 시선을 교회 내부로도 돌리고자 한다. 한국전쟁을 거치면서 자주적인 노동운동이 처절하게 파괴되었을 때, 노동자들의 곁을 지켜준 것은 개신교의 산업선교와 가톨릭의 노동사목이었다. 저 혹독했던 유신체제를 끝장내고 박정희의 죽음을 가져온 계기가 YH사건이었다는 사실은 누구나 다 아는 일이다. 그 엄청난 일을 저지른 '배고프고 예쁜 쪼깐이들' 곁에는 머리 까만 예수님의 제자들이 있었다. 대한민국의 국민들은 고난받는 이들과 함께하는 성직자나 평신도들의 모습을 통해 기독교를 접하게 되는 경우가 많았다. 물론 지금도 고난받는 노동자들의 곁을 지키려는 의로운 성직자나 평신도들이 없는 것은 아니다. 그러나 안타깝게도 지금 그들의 모습이 한국교회를 대표하는 것은 아니다. 지금은 성장세가 멈추고 위기에 빠져있다. 하지만, 한국 기독교는 70년대와는 비교할 수 없게 팽창했다. 한국 사회 내에서 교회의 영향력이 약해진 것은 혹시 한국의 교회가 노동문제에 대한 관심을 접은 것과 깊은 관련이 있는 것은 아닐까?

빈곤 문제에 대한 교회의 응답은?

1970년대에는 고통받는 사람들과 함께하는 가운데 자연스럽게 민중신학이 탄생하여 신앙인들의 마음에 뜨겁게 만들었지만, 민중신학의 맥이 끊길 위기이다. 몇몇 교회는 전 세계적으로 유례를 찾기 힘들 정도로 성장에 성장을 거듭하여 초대형교회가 되었지만, 신학도 인간학도 잃어버린 교회에는 성장의 경영학만 넘쳐날 뿐이었다. 2018년의 한국교회는, 한국기독교는 노동문제에 대해 어떤 입장과 고민을 갖고 있는가? 쌍용이나 유성과 같은 다급한 현장을 쫓아가 그들의 곁을 지켜주는 것은 대단히 중요한 일이지만, 교회가 해야 할 일이 거기에 그쳐서는 안 된다. 21세기 한국 사회에서 노동의 문제가 갖는 의미에 대한 신학적 성찰은 보이지 않는다. 〈시선〉은 사회문제에 대한 언론의 보도태도나 방향에 대하여 문제제기를 하고 있지만, 사실 매달 〈시선〉이 주목한 문제 하나하나는 한국기독교가 신학을 통해 응답을 해야 할 문제이기도 하다. 민주화 이후 지난 30년 동안 한 세대에 걸쳐 극단적 양극화를 경험한 한국 사회에서 빈곤은 우리 사회의 존립을 위태롭게 하는 가장 심각한 안보문제가 되었다고 할 수 있다. 빈곤의 문제는 결국은 노동문제, 즉 열심히 일해도 가난할 수밖에 없는 구조를 어떻게 해결할 것인가의 문제이다. 촛불혁명으로 등장한 문재인 정권은 국민들의 신뢰와 지지 속에 남북화해와 조미정상회담의 분위기 속에서 순항하고 있다. 그러나 최근 최저임금 문제나 경기불황은 문재인 정권의 발목을 잡을 수 있는 심각한 잠재적인 위협이 될 수 있다. 일부 보수언론에서 이명박, 박근혜 정권 때는 "국가적으로 금융기관과 공공기관에서 계속 고졸 일자리를 만들어줬고 그래서 취업률이 올라갔던 것"인데 문재인 정권은 "고졸 취업 활성화 대책을 과거 정부 유산으로 생각해서인지 관심이 덜하다"고 비판하는 것은 가볍게 받아들일 문제는 분명 아니다.

예수님은 목수였다. 예수는 아마도 목수로서도 훌륭한 솜씨를 지닌 분이었으리라 믿는다. 그런데 세상에는 처음부터 숙련된 목수는 존재하지 않는 법이다. 예수가 언제 어떻게 목수가 됐는지 알려져 있지 않지만 목수 예수에게도 실습생 시절이 있었을 것이다. 열아홉 전후의 예수는 열아홉 살 실습생 이민호군과 마찬가지로 혹독한 도제시절을 거쳤을지도 모른다. 일하는 사람 예수가 같은 일한 사람들을 보면서 느낀 아픔과 연민은 어떤 것이었을까? 1970년대의 민중신학을 잇는 2010년대 노동신학의 출현을 고대한다.

2017년 12월의 시선

김영미의 추적, 스텔라데이지호

양승동

한국기독교교회협의회(NCCK) 언론위원회(위원장 이동춘 목사)는 2017년 12월의 「(주목하는)시선 2017」으로 시사주간지 「시사인」이 커버스토리로 다룬 '김영미 독립PD의 스텔라데이지호 추적 기사'를 선정했다.

스텔라데이지호 침몰 관련 소식은 간간히 일부 언론매체에 등장했으나 별다른 주목을 받지 못했다. 그런데 12월 23일자 「시사인」에서 커버스토리로 김영미 독립PD의 4개국 67일에 걸친 추적기를 다룸으로써 다시 한 번 이 침몰사고에 우리사회의 주의를 환기시켰다. NCCK 언론위원회가 이것에 주목한 이유는 김영미 PD의 추적기사가 우리 사회 언론과 언론인의 자세를 다시금 생각하게 해주었기 때문이다.

문재인 정부 청와대 '1호 민원'

스텔라데이지호는 지난 3월 26일 승무원 24명(한국인 선원 8명, 필리핀 선원 16명)과 철광석 26만 톤을 싣고 브라질의 한 항구를 출발해 중국 칭다오로 가다가 출발 5일째에 남대서양 해역에서 침몰한 배이다. 당시 필리핀 선원 2명만 구조되었다. 황교안 총리 대행 체제의 박근혜 정부는 세월호 이후 다시 한 번 초동대책 실패와 늑장대응으로 생존이 기대되던 선원들을 방치하고 말았다. 사고가 난 뒤, 한국인 실종자 가족은 사라진 선원들의 소식을 알 수 없었다. 그 후 실종자 가족들이 대책위원회를 꾸리고 문재인 대통령이 취임한 뒤 곧바로 청와대에 민원을 넣었다(이는 문재인 정부 청와대 '1호 민원'이었다). 이후 지난 5월 20일 청와대 사회혁신수석이 실종자 가족들을 직접 만나 추가 수색을 약속하고 수색선 한 척을 긴급 투입하기도 했지만 실종자 가족들은 사고 9달째인 12월(2017년 12월 현재) 지금 현재에도 여전히 광화문 광장에 있다.

지상파 방송, 신문, 보도전문채널, 종편, 인터넷 매체 등 수많은 매체들… 하지만 김영미 독립PD 외에 이 침몰사고 현장을 직접 취재한 언론사는 한 곳도 없었다. 자타가 메이저라 인정하는 일간지 조선, 중앙, 동아는 물론 공영방송인 KBS도 MBC, 그리고 종편 등도 현장에 가지 않았다. 현장에 사고 원인을 규명해야 할 언론은 없었다. 남대서양 한복판서 벌어진 사건이라 취재하는 데 어려움이 많았고 취재 비용도 만만치 않았다. "PD님이 그곳에 가주시면 안

돼요?" 실종자 가족의 부탁에 김영미 독립 PD만이 현장을 향했다.

물론 이역만리까지 가서 현장 취재한다는 것이 쉬운 일은 아니다. 하지만 어떻게 한 곳도 없었을까? 김PD는 현장 취재를 통해 많은 사실들을 알아냈다. 2017년 9월에 시작한 취재는 꼬박 두 달이 걸렸다. 오랜 취재 끝에 배가 Y자로 두 동강 나 침몰했다는 정황(情況)을 알아냈다. 그리스 선박 엘피다호 선장한테 침몰 당시 선원을 구조하는 영상도 구했다. 또한 안전검사 없이 출발할 수 있는 '사설항'의 문제를 제기했다. 심해 3천m에 가라앉은 블랙박스 인양 문제를 다루면서 비슷한 사례로 프랑스 정부와 에어 프랑스의 심해 블랙박스 인양 사례까지도 취재했다. 구명벌 사진을 둘러싼 미스터리를 추적하면서 김PD는 현재 우루과이 정부를 상대한 정보공개 청구 결과를 기다리고 있다. 그리고 취재 과정에서 우루과이 시민사회의 도움을 받고 연대감을 확인 한 점도 의미 있는 결과다.

재해와 죽음을 대하는 언론의 자세

김영미 PD의 이 기사는 최근의 사고들과 죽음에 관한 수많은 기사들과 대비된다. 재해와 죽음을 대하는 언론의 자세는 어떠해야 할지를 생각하게 해준다. 12월 평택 타워크레인 사고, 이대목동병원 중환자실의 신생아 집단 사망, 29명의 목숨을 앗아간 제천의 스포츠센터 건물 화재, 아이돌그룹 샤이니 한 멤버의 자살 등이 잇달으면서 관련 기사들이 쏟아졌다. 그런데 성급한 보도로 오보를 양산하고 문제의 본질을 흐리거나 슬픔을 흥밋거리로 만들어 소위 '클릭숫자 장사'에 열중인 언론의 행태가 반복되고 있다.

샤이니 멤버의 죽음을 두고도 언론사들이 난리였다. 한국기자협회의 '자살보도 권고기준'의 첫 의 '자살보도 권고기준'의 첫 번째 항목에 '언론은 자살에 대한 보도를 최소화 해야 합니다'고 규정하고 있다. 하지만 어땠는가? 포털 검색으로 확인 결과 관련 기사가 4,000건 이상 생산되었고 그중 국가기간통신사인 연합뉴스가 73건이었다('죽음을 대하는 언론의 자세' - 윤태진 / 경향 2017. 12. 25). 자살보도에 그렇게 열을 내고 시간과 에너지를 쓰는 대신 오늘날 발생하는 다양한 재해와 사고에 대해 폭넓고 깊이 있는 시각으로 접근할 수 없을까? 그런 점에서 이번 김영미 독립PD의 스텔라데이지호 추적 기사는 단연 주목을 끌었다.

김영미는 대형 언론사 소속이 아닌 독립PD다. 그녀는 "나를 우루과이로 떠민 건 언론인으로서의 '면피의식' 때문이기도 했다. 우리 국민이 실종된 사건 현장을 직접 취재한 언론사가 단 한 곳도 없었다. '가능하면 피하고 싶다. 하지만 기자들이 아무도 현장에 가지 않았다면 나라도 가야 하는 거 아냐?'라는 물음이 내 머리 속을 떠나지 않았다"고 말한다. 실종자 가족들은 정부와 언론에 대해 불신하고 있다. 그래서 김PD는 "사고 초기 언론이 우루과이 현장 취재를 갔더라면 실종자들의 불신이 이렇게 깊어지지는 않았을 것"이라고 아쉬워한다.

우리 사회는 그동안 대연각 화재, 세월호 침몰 등 대형재난을 생중계로 목격했다. 하지만 어느 누구도 우리 언론의 이같은 재난보도가 우리 사회의 재난에 대한 대비를 좀 더 나아지게 하는데 일조했다고 생각하지 않는다. 그 이유는 무엇일까? 이것이 NCCK 언론위원회가 김영미 PD의 기나긴 추적에 주목하는 이유이다. 기성 언론의 성찰에 기반하여 적극적인 대안 모색이 절실하다.

이익을 위해 안전을 포기하는 사회

언론위가 주목하는 시선에 김영미 PD의 추적기사를 선정하며 다시 한 번 절감한 것은 우리사회가 이익을 위해 안전을 포기하고 있는 사회라는 것이다. 지난 12월 18일 평택의 아파트공사 현장에서 크레인 사고로 1명이 사망하고 4명이 부상했다. 그보다 며칠 앞서 지난 9일 용인시 물류센터 공사현장에서도 타워크레인 사고로

3명이 사망하고 4명이 중경상을 입었다. 타워크레인 사고로 올해만 19명이 목숨을 잃고 46명이 부상했다. 올해는 지난 5년 평균에 비해 4배나 많은 사고가 나고 있다. 사고는 작년부터 늘어나기 시작했는데, 이때가 바로 건설 경기가 호황으로 접어드는 시기였다고 한다. 타워크레인 도입이 2015년에 3,000대에서 6,000대로 배로 늘어났는데 그러면서도 그에 합당한 점검 체계 정비와 안전대책이 없었다.

지난 18일 사고를 낸 평택 타워크레인은 민간검사업체가 합격 판정을 냈었다. 이 검사업체는 지난 9일 사고를 낸 용인의 크레인도 합격 판정을 낸 곳이다. 현재 타워크레인에 대한 안전점검은 대부분 민간업체가 맡고 있다. 이명박 정부 시절 타워크레인에 대한 안전점검을 민간에 넘기는 결정을 했다. 이윤 추구를 제1의 목표로 할 수밖에 민간업체에게 맡긴 것 자체에 문제가 있다. 정부가 안전에 역행하는 결정을 한 것이다. 여객선에 대한 안전점검을 민간에 넘긴 것이 세월호 참사로 연결됐다. 타워크레인에 대한 안전검사를 민간업체에게 맡김으로써 오늘의 참사는 예견됐다고 할 것이다.

'연속되는 타워크레인 사고'는 우리나라 산업재해 문제의 심각성을 환기시킨다. 산업재해라는 면에서 보면 한국이야말로 '위험사회'다. 통계에 의하면 한국에서 연간 2,000명 이상이 산업 재해로 사망한다. 산재 사망률은 경제협력개발기구(OECD) 국가 가운데 1위이다. EU 회원국의 평균 산재사망률은 10만 명 기준 2.3명꼴로 우리나라의 5분의 1 수준이다. 우리나라는 지난 10년간 산재사망률 부분에서 압도적으로 1위를 달려왔다. 산업 재해를 비롯한 재해 참사들은 '구조적 살인'이라고 불린다. 산업 재해의 절반 이상이 건설업과 제조업 분야에서 발생하는데, 여기에는 다단계 하도급과 원청 사업주의 무리한 공기 단축 요구 등이 구조적 요인으로 작용하고 있다. 거기에 더하여 기업의 안전관리시스템은 규제 완화라는 명목으로 사실상 와해되고 있는 지경이다.

따라서 '연속되는 타워크레인 사고'는 위험을 생산하는 기업이 그 위험을 스스로 통제하도록 하는 정부 정책의 개혁을 비롯하여 이익을 위하여 생명과 안전을 희생하는 사회 인식 전반의 개혁, 그리고 언론의 적극적인 문제제기와 대안제시가 반드시 필요함을 역설해 주고 있다.

2018년 1월의 시선

현송월을 바라보는 불온한 시선들

김 당

한국기독교교회협의회(NCCK) 언론위원회(위원장 이동춘 목사)는 2018년 1월의「(주목하는)시선 2018」로 '현송월을 바라보는 불온한 시선들'을 선정했다.

올해 남한 언론에 가장 많이 언급된 북한 여성은 누구일까? 바로 김정은 북한 국무위원장의 동생인 김여정과 부인인 리설주, 그리고 일부 매체가 '김정은의 옛 애인'이라고 보도한 현송월 삼지연 관현악단 단장이다.

한국언론진흥재단의 '빅카인즈' 뉴스검색에 따르면, 현송월은 지난 7개월(2008년 1월 1일~7월 31일) 동안 15개 매체(중앙일간지+경제지)에서 2,338건 언급되었다. 빅카인즈 검색은 조중동을 제외한 것이다. 조중동을 포함하면 현송월이 언급된 기사 건수는 훨씬 더 늘어난다. 한편 김정은 위원장의 특사와 남북정상회담 및 북미정상회담 공식수행원으로 참석한 김여정은 같은 기간에 5,033건, 북한 정권의 '퍼스트 레이디'에 해당하는 리설주는 1,258건 언급되었다.

현송월 단장이 이끄는 북한 예술단 사전점검단은 지난 1월 방남 기간(1월 21~22일)에 '숱한 화제'를 남겼다. 현송월 단장의 방남은 문재인 정부에서 첫 남북 인적 교류라는 점과, 평창올림픽을 앞두고 얼어붙은 남북관계를 풀어가는 실마리가 될 수 있다는 점에서 주목을 끌었다. 특히 현 단장은 지난 2013년에 특정 매체가 "김정은의 지시를 어기고 음란물을 제작・판매한 혐의로 공개 총살된 것으로 밝혀졌다"고 보도한 '지면 사망자'여서 그의 방남은 더 눈길을 끌었다.

죽었다는 현송월이 살아 돌아왔지만, 실망스럽게도 해당 매체는 오보를 인정하지도, 유감을 표명하지도 않았다. 오히려 해당 매체를 포함한 대다수 언론은 그가 방남한 배경이나 전망보다는 그가 걸친 패션 액세서리에서부터 삼시 세끼와 호텔의 숙박비에 이르기까지 온갖 신변잡기식 보도를 쏟아내는 데 몰두했다. 언론의 '신상털기' 보도는 앞서 현 단장이 판문점 회담장에 처음 등장했을 때 그가 든 가방을 "2,500만원짜리 에르메스"라고 보도한 순간부터 예견되긴 했다.

독자의 반응은 싸늘한 냉소주의와 반북(反北) 정서의 강화라는 양면성으로 나타났다. 문제는 이러한 냉소와 반북 정서를 파고든 보수야당의 색깔론 공세와 종북 프레임이 일정 부분 현실에 영향을 미치고 있는 점이다. 이를테면 현 단장에 대한 경호와 의전에 대한 시시콜콜한 보도가 '평창올림픽이 아니라 평양 올림픽'이라는 보수야당의 선동과 맞물려, 젊은 층을 중심으로 정부가 과공(過恭)과 굴신(屈身)의 저자세 외교를 하고 있다는 비판과 남북관계에 부정적인 여론이 조성되었다.

NCCK 언론위원회는 언론이 오보를 하고도 이를 인정하지 않는 괴이한 현실과 오보를 '물타기' 하는 신변잡기식 보도, 그리고 '불온한 시선'을 공유하며 반북 정서를 확대 재생산하는 언론과 야당의 선동의 카르텔과 악순환의 고리에 주목했다. 이러한 카르텔과 악순환의 고리는 남북한이 주도하는 평화의 모멘텀을 만들어내기는커녕 평창올림픽을 계기로 9년여 만에 재개된 남북 대화마저 어렵게 한다고 판단하기 때문이다. 이에 NCCK 언론위원회는 대중의 반북 정서를 부추기고 정부의 전향적 대북정책을 가로막는, '현송월을 바라보는 불온한 시선들'을 2018년 1월의 시선으로 선정했다.

2013년 조선일보 "'김정은 옛 애인' 현송월 음란물 찍어 총살돼"

김정은 노동당 제1비서의 연인으로 알려진 가수 현송월을 포함해 북한 유명 예술인 10여명이 김정은의 지시를 어기고 음란물을 제작・판매한 혐의로 지난 20일 공개 총살된 것으로 28일 밝혀졌다.

2013년 8월29일 《조선일보》가 '김정은 옛 애인(보천보 전자악단 소속 가수 현송월) 등 10여명, 음란물 찍어 총살돼'라는 제목으로 보도한 내용이다. 인터넷판에선 '단독'이라는 타이틀까지 달았다. 삼지연관현악단 단장이 된 현송월이 지난 1월 21일 사전점검단을 이끌고 방남한 이후에도 《조선일보》의 해당 기사 제목에는 여전히 '단독'이 달려 있다. 사실보도를 금과옥조로 삼는 언론의 본령을 벗어난 후안무치이다.

'단독' 보도는 1년도 안 되어 오보임이 밝혀졌다. 죽었다던 현송월이 2014년 5월 16일 제9차 전국예술인대회에 '산 채'로 나타나 《조선중앙TV》에 등장한 것이다. 그러나 《조선일보》는 그때도 정정보도는커녕 "총살됐다던 '김정은 애인' 현송월, 군복 차림 등장… 생존 확인", "음란물 제작 '총살설' 북 현송월 생존… TV에 나와", "음란물 제작 '총살설', 북 현송월 생존", "북, 모란봉악단 부각… 김정은, 부인 여동생과 공연 관람" 등 제목만 슬쩍 바꾸는 어뷰징 기사로 장사를 하며 오보를 '물타기' 했다(미디어오늘, 2015. 12. 22 참조).

현송월이 평창올림픽 예술단파견 실무접촉 대표단에 포함되었을 때도 마찬가지다. 《조선일보》는 시치미를 떼고 사돈네 남 말하듯 "한때 '사망설'이 돌기도 했다"면서 "다른 동료 가수들과 음란 동

[단독] 김정은 옛 애인(보천보 전자악단 소속 가수 현송월) 등 10여명, 음란물 찍어 총살돼

조선일보 베이징= 안용현 특파원

가수·무용수 등 유명 예술인, 性관계 장면 촬영·판매·시청

北, 은하수·왕재산 악단 해체

▸ '단독' 타이틀을 달아 보도한 조선일보 인터넷판 기사의 화면 캡처

영상을 촬영했다는 혐의로 체포돼 총살형에 처해졌다는 것"이라고 '유체이탈 화법'의 보도를 이어갔다. 이어 "김정은의 옛 애인이 아닌, 아버지인 김정일의 마지막 애첩이라는 주장도 있다"며 오보의 배경을 슬그머니 북한 정권의 '궁중 암투극' 탓으로 돌렸다.

'김정일의 마지막 애첩'을 '김정은의 옛 애인'으로 잘못 보도했을 뿐이라고 '물타기'에 급급하다 보니, 그 결과는 뻔했다. 그것은 '김정일의 마지막 애첩'이 입은 코트는 무엇인지, 두른 목도리는 어떤 소재인지, 어떤 음식을 얼마나 먹었는지 등 신변잡기식 보도에 집중하는 것이었다. 물론 이런 보도 행태는《조선일보》만의 전유물은 아니다. 다른 매체의 현송월 단장 관련 기사에도 김정은의 '썸녀', '내연녀' 같은 선정적 단어가 따라붙었다. 다만, 발행부수가 가장 많은 1등 신문을 자처하는 신문이기에 그에 걸맞은 책임을 묻지 않을 수 없는 것이다.

수구정당 "평창올림픽이 아니라 평양올림픽"

이러한 '신상 털기' 보도에 대한 독자의 반응은 냉소주의와 반북(反北) 정서의 강화라는 양면성으로 나타났다. 이를 모두 언론 보도 탓으로 돌릴 수는 없다. 하지만 북측 인사에 대해 패션·헤어스타일·삼시 세끼 메뉴·숙박 호텔 등 연예인처럼 신변잡기식 보도가 쏟아지다 보니, 독자의 반응은 싸늘할 수밖에 없다. 더구나 유엔과 국제사회의 대북 제재가 이뤄지고 있는 국면에서 언론에 비친 '김정은의 옛 애인(또는 김정일의 애첩)'은 "2,500만원짜리 명품백"을 들고, "한끼 13만 8천원짜리 식사"를 하고, "특급호텔 스위트룸에서 숙박"하는 것뿐이니, 북한에 대한 시선도 싸늘할 수밖에 없다.

극우언론이 물꼬를 튼 냉소주의와 반북(反北) 정서를 확대 재생산한 것은 '평창올림픽이 아니라 평양올림픽'이라는 수구정당의 종북 프레임과 색깔론 공세였다. 자유한국당 장제원 수석대변인은 현송월에 대한 경호와 의전을 빗대어 "문재인 정권이 어제는 평창 동계올림픽을 자진 반납하고 평양올림픽을 공식 선언하더니, 오늘은 아예 평양올림픽임을 확인이라도 하듯 일개 북한 대좌(대령급) 한 명 모시는데 왕비 대하듯 지극정성을 다하고 있다"고 공격했다.

급기야 한국당의 김성태 원내대표는 38명의 사망자를 낸 밀양 화재 현장을 방문해 "북한 현송월 뒤치다꺼리를 한다고 국민 생명을 지키지 못했다"며 "문재인 대통령은 사과하고 청와대와 내각은 총사퇴해야 한다"고 억지 주장을 폈다. 현 단장의 방남과 밀양 화재는 무관한 일인데도, 문재인 정부를 비판하기 위해 반북 정서를 자극한 전형적인 색깔 공세다.

문제는 극우언론과 수구정당 간에 색깔론을 부추기는 '선동의 카르텔'과 반북 정서를 강화하는 '악순환의 고리'가 우리의 정치 현실에서 상당 부분 영향을 미친다는 점이다. 실제로 한국갤럽이 1월 넷째 주(23~25일, 전국 성인 1,004명) 문재인 대통령의 직무수행에 대한 평가를 조사한 결과에 따르면, 전주 대비 대통령 직무 긍정률(64%)은 3%p 하락한 반면에, 직무 부정률(27%)은 3%p 상승했다. 연령층을 보면 20대와 50대 이상에서 하락폭이 컸다.

부정 평가(273명, 자유응답)의 이유는 ▸ 평창올림픽 남북 단일팀 구성/동시 입장(25%) ▸ 과거사 들춤/보복 정치(14%) ▸ 친북 성향(9%) ▸ 경제/민생 문제 해결 부족 ▸ 최저임금 인상(이상 6%) 등을 지적했다. 놀라운 사실은 부정 평가 이유의 1순위가 3개월 만에 '과거사 들춤/보복 정치'에서 '평창올림픽 남북 단일팀 구성/동시 입장'으로 바뀌었다는 점이다.

비슷한 시기의 리얼미터 여론조사에서도 평창올림픽 개・폐회식에 남한 선수단은 태극기, 북한 선수단은 인공기를 들고 입장하는 것이 바람직하다(49.4%)는 응답이 남북 선수단이 한반도기를 들고 입장하는 것이 바람직하다(40.5%)는 응답보다 우세한 것으로 조사됐다. 현송월의 신상과 경호 및 의전에 대한 신변잡기식 보도와 '평창올림픽이 아닌 평양올림픽'라는 선동의 카르텔과 악순환의 고리가 젊은 층에 정부의 북한에 대한 과공(過恭)과 굴신(屈身)이라는 부정적 여론을 조성한 셈이다

냉전의 '불온한 유령'이 배회하는 한반도

문재인 정부의 국정수행 지지율 등락은 문재인 정부가 감당할 몫이다. 또한 남북관계는 상대가 있기 때문에, 고모부 장성택과 이복형 김정남 등 잠재적 위협에 대한 무참한 제거와 핵무기 개발 같은 김정은이 보여준 일련의 공포 정치와 호전성이 젊은 세대의 반북 정서에 일정 부분 영향을 미쳤을 것으로 보인다.

문제는 극우언론과 수구정당 간의 색깔론을 부추기는 선동의 카르텔과 반북 정서를 강화하는 악순환의 고리를 깨부수지 않고서는 남북관계의 진전을 통한 한반도 평화는 기대할 수 없다는 사실이다. 그래서 NCCK 언론위원회는 극우언론과 수구정당 간의 카르텔과 악순환의 고리가 대중의 반북 정서를 자극해 정부의 전향적인 대북정책을 가로막는 장애물로 작동하는 현실에 주목했다.

소비에트연방의 해체와 동구권의 몰락으로 전 세계를 둘로 나눈 진영의 냉전은 종식되었지만, 한반도에는 여전히 냉전의 '불온한 유령'이 배회하고 있다. 불온(不穩)은 사상이나 태도 따위가 통

치 권력이나 체제에 순응하지 않고 맞서는 성질이 있는 것을 지칭한다. 그래서 '불온 도서'의 사전적 의미는 '국가의 존립·안전이나 자유민주주의 체제를 해하거나, 반국가 단체를 이롭게 할 내용으로, 군인의 정신 전력을 심각하게 저해하는 도서'이다.

그런데 국가안보의 재단과 사상 감별은 극우보수의 전유물이 아니다. 공화정과 민주주의의 다양성을 억누르는 전체와 획일이 오히려 국가안보를 위태롭게 한다. 그런 점에서 현송월을 바라보는 극우언론과 수구정당의 퇴행적 시각에 '불온'이라는 '딱지'를 붙인 것은 역설적이다. 그럼에도 NCCK 언론위원회가 '현송월을 바라보는 불온한 시선들'을 1월의 시선으로 선정한 것은 그 '불온한 시선'을 공유하는 '선동의 카르텔'과 '악순환의 고리'가 한반도의 평화를 위협할 만큼 위험 수위에 이르렀다고 판단하기 때문이다.

2018년 2월의 시선

민의의 분출구 '청와대 국민청원'

김덕재

한국기독교교회협의회(NCCK) 언론위원회(위원장 이동춘 목사)는 2018년 2월의 「(주목하는)시선 2018」로 '청와대 국민청원'을 선정했다. 87년 6월 민주화운동 이후 우여곡절을 겪으면서 진행되어 온 민주화과정, 그중에서도 촛불민심으로 나타난 직접 민주주의를 향한 시민들의 욕구가 구체적이고 지속적으로 나타나고 있는 것이 '청와대 국민청원'이라는 판단에서이다.

국민소통 플랫폼, 청와대 국민청원

'청와대 국민청원'은 문재인 정부 출범 100일을 맞아 기획된 아

▸ 청와대 국민청원 게시판

이디어였다. 국민들과 직접 소통하고, 직접 국민들의 청원에 답하겠다는 의지로 기존 청와대 홈페이지를 '국민소통플랫폼'으로 개편하면서 만들어졌다. 특정 현안에 대해 30일 동안 20만 명 이상이 추천한 청원에 대해서는 정부 및 청와대가 직접 답한다는 형식이다. 미국 백악관의 '위더피플'(We the People)을 참고했지만, 답변 기준은 백악관의 '30일 동안 10만 명 이상'에 비해 높은 편이다. 하지만 로그인이 필요 없고, SNS에서 바로 연결 가능하다는 점, 한국의 편리한 모바일 인터넷 환경을 생각하면 '청와대 국민청원'이 접근성에서 훨씬 유리하다고 할 수 있다.

실제로 '청와대 국민청원'이 시작된 후 반응은 폭발적이었다. 2018년 2월 25일까지 접수된 청원은 홈페이지 상 127,203건으로 나타난다. 날짜별로는 매일 약 700에서 1,700건 정도 접수되고 있다. 국민청원에 대한 첫 번째 청와대의 답변은 2017년 9월 25일에 나왔다. '청와대 국민청원' 개설이 2017년 8월 17일이었으니 약 한

달 만이었다. 첫 답변 대상은 22일 만에 29만여 명의 추천을 받은 '청소년 보호법 폐지' 청원이었다. 이후 낙태죄 폐지, 주취감형 폐지, 조두순 출소 반대 등 현재까지 총 8가지 사안에 대한 답변이 이뤄졌다.

현안에 대한 국민들의 뜻이 모아지고, 그것이 청와대에 직접 전달됨으로써 정부의 입장을 들을 수 있고 해결을 위한 실마리를 마련할 수 있다는 점에서 국민청원은 각광받고 있다. 그러나 문제점이 없는 것은 아니다. 현실적이지 않은 무리한 주장을 제기하거나, 국민청원 사이트를 싸움판으로 전락시키는 비상식적인 맞청원, 최근 김어준 씨에게 성추행을 당했다고 주장하다가 장난이었음을 고백한 사례와 같은 거짓 청원도 많다.

청와대 국민청원, 만능 해결사?

특히, 정부가 직접 나서기에는 현실적으로 불가능한 청원도 문제다. 최근 이재용 삼성전자 부회장에 대한 재판 결과를 두고 제기된 "정형식 판사에 대한 특별감사 및 파면 청원"은 최단기간인 3일 만에 추천 20만을 넘기는 기록을 남겼지만, 이 청원은 헌법상 권력분립의 원리에 어긋날 뿐 아니라 '법관은 헌법과 법률에 의하여 그 양심에 따라 독립하여 심판한다'는 헌법 제103조에도 부합하지 않는 주장이다.

그런데 이러한 비판에 대해 네티즌들은 그 사실을 몰라서가 아니라고 대답하고 있다. 삼권분립에 어긋난다든지 청와대와 행정부가 처리할 수 있는 문제가 아니라는 사실을 몰라서가 아니라, '청와대 국민청원'이라는 창구를 통해 국민의 뜻을 모으고 그것을 '표현'하기 위해 단지 그 창구를 이용할 뿐이라는 것이다. 결국 해결을 위한 청원이라기보다는 문제를 제기하는 창구로서 '청와대 국민청원'을 이용하고 있다는 것이다.

우리가 '청와대 국민청원'에 주목하는 이유가 바로 이 대목이다. 이것은 자신의 뜻을 직접 권력의 중심에 전달하고 나아가 관철하겠다는 국민 다수의 열망을 대변한다. 부족한 직접 민주주의에 대한 항변인 것이다. 다른 말로 하면 실패하고 있는 간접 민주주의, 즉 대의제 실패에 대한 대안으로서 '청와대 국민청원'을 소환하고 있는 것이다.

청와대 국민청원, 문제제기의 창구

대의민주주의는 이제 종언을 고하고 있는 것인가? 인구가 증가하고 사회가 복잡해지면서 대의민주주의는 인류가 선택할 수 있는 현대 정치의 유일한 대안으로 여겨져 왔다. 하지만 일부가 전부를 대표하는 것이 가져올 수밖에 없는 민의의 왜곡이라는 문제도 끊임없이 제기되어 왔고, 직접 민주주의에 대한 열망 또한 지속되어 왔다. 최근에는 인터넷의 발달 등으로 직접 민주주의의 가능성이 커지면서 대의민주주의에 대한 비판적 재평가도 활발하다.

이러한 때에 한국 사회는 가히 폭발적인 직접 민주주의의 경험을 해왔다. 촛불과 광장이 바로 그것이다. 이명박과 박근혜를 대통령으로 뽑은 퇴행의 시기에도 국민들은 촛불을 통해 끊임없이 직접 민주주의를 확대해 왔고, 급기야는 광장의 힘으로 대통령을 탄핵하는 위업을 이루기도 했다. 심지어 시민운동 내에서도 주요 단체의 몇몇 활동가들을 중심으로 하는 '운동 내의 대의제'가 약화되고, 참가한 모든 시민들이 직접 발언하고 행동하는 직접 민주주의가 강화되고 있다는 지적도 있다.

가장 반성해야 할 곳은 국회이다. 대의민주주의의 약화라는 시대적 기조와는 별도로, 대의제의 전당이라고 할 대한민국 국회는 그 이름에 걸맞은 역할을 한 적이 거의 없다. 대의제에 입각해 각 계층을 대표해 다양한 국민의 뜻을 모으고 제도화해야 할 국회가 권력을 향한 정치집단 내부의 투쟁에만 골몰해 온 결과이다. 국회가 국민 다수의 정서를 제대로 대표하지도 대변하지도 못하고 있다는 증거이다.

대의민주주의의 약화

1987년 이후 한국 사회는 부단한 민주화의 과정을 거쳐 왔지만,

민의의 전당인 국회는 진정으로 국민을 대표하는 체제를 여전히 만들어내지 못하고 있다. 중・대 선거구제, 권역별 비례대표제, 독일식 정당명부제, 석패율제 등, 사표를 줄이고 민의를 제대로 대변하기 위한 논의는 정당들의 현실적 이해관계 앞에서 힘을 잃기 일쑤였다.

이런 국회에 대해 국민들도 신뢰를 보내지 않고 있다. 국회에도 청와대 국민청원과 비슷한 국회 '입법청원' 제도가 있다. 입법권을 갖고 있는 국회에서 운영하는 제도이니 어쩌면 청원인들에게 더 유리한 제도일 수도 있다. 하지만 국민들로부터는 외면 받고 있다. 어떤 연유일까?

국회 입법청원은 온라인 접수 시스템이 없다. 인쇄한 양식에 내용을 작성해야 한다. 그런데 작성한 것을 바로 접수할 수가 없고, 청원을 소개해줄 국회의원을 찾아야 한다. 평소 관련 사안에 대해 관심을 가졌거나 친분이 있는 국회의원에게 부탁해, 서류를 민원실에 제출해야 한다. 그리고는 결과를 기다려야 하는데, 결과가 나오기까지 걸리는 시간은 아무도 알 수가 없다. 현재 계류 중인 청원 131건 중 40여 건은 제출 2년이 넘은 사안이다. 결과가 나온다 해도 "본회의에 부의하지 않는다"는 간단한 답변일 경우가 대부분. 그러니 국회 입법청원은 4년 동안 2백 여 건에 그치고 있다.

배고픈 우리 국민들

촛불을 일으키고, 촛불로 정치를 뒤집어낸 폭발적 직접 민주주의의 경험을 가진 우리 국민들은 아직도 직접 민주주의에 배고프다. 국회가 여전히 구태에 머물러 있는 동안 국민들은 부족한 직접 민주주의를 확대하기 위해 스스로 '청와대 국민청원'을 민의의 장, 직접 민주주의의 창구로 소환해 활용하고 있다.

문제가 없는 것은 아니다. 지난 6월 24일 러시아에서 한국과 멕시코 월드컵 조별리그 2차전이 끝난 후 청와대 국민청원 게시판에는 장현수 선수를 비난하는 글이 쇄도했다. 이날 경기에서 장현수 선수는 문전에서 태클하다가 공이 손에 닿는 바람에 파울을 범해 페널티킥을 허용했고, 이것이 결국 실점으로 이어졌다. 화가 난 축구팬들이 올린 청원은 "장현수 선수의 국가대표 자격을 박탈해야

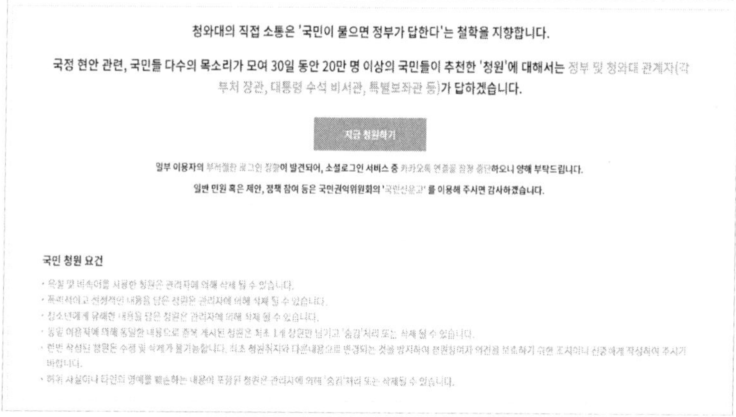

청와대의 직접 소통은 '국민이 물으면 정부가 답한다'는 철학을 지향합니다.

국정 현안 관련, 국민들 다수의 목소리가 모여 30일 동안 20만 명 이상의 국민들이 추천한 '청원'에 대해서는 정부 및 청와대 관계자(각 부처 장관, 대통령 수석 비서관, 특별보좌관 등)가 답하겠습니다.

지금 청원하기

일부 이용자의 부적절한 로그인 정황이 발견되어, 소셜로그인 서비스 중 카카오톡 연결을 잠정 중단하오니 양해 부탁드립니다.

일반 민원 혹은 제안, 정책 참여 등은 국민권익위원회의 '국민신문고' 를 이용해 주시면 감사하겠습니다.

국민 청원 요건

- 욕설 및 비속어를 사용한 청원은 관리자에 의해 삭제 될 수 있습니다.
- 폭력적이고 선정적인 내용을 담은 청원은 관리자에 의해 삭제 될 수 있습니다.
- 청소년에게 유해한 내용을 담은 청원은 관리자에 의해 삭제 될 수 있습니다.
- 동일 이용자에 의해 동일한 내용으로 중복 게시된 청원은 최초 1개 청원만 남기고 '숨김'처리 또는 삭제 될 수 있습니다.
- 한번 작성된 청원은 수정 및 삭제가 불가능합니다. 최초 청원취지와 다른내용으로 변경되는 것을 방지하여 청원참여자의 의견을 보호하기 위한 조치이니 신중하게 작성하여 주시기 바랍니다.
- 허위 사실이나 타인의 명예를 훼손하는 내용이 포함된 청원은 관리자에 의해 '숨김'처리 또는 삭제될 수 있습니다.

▸ 청와대 국민청원 게시판

한다," "장현수 선수를 국외로 추방하라" 등 비상식적인 청원 일색이었다. 청와대 국민청원이 아무리 국민과의 직접 소통을 위한 수단이라 하더라도 눈살을 찌푸릴 수밖에 없는 대목이다.

누구나 자유롭게, 심지어 직접 로그인이 없이도 참여할 수 있도록 개방되어 있다 보니 온갖 허무맹랑한 장난 같은 청원들까지 등장하고 있다. 예를 들면 "커플들에게 데이트 비용을 지원해 달라", "노무현 대통령을 부활하게 해 달라", "걸그룹이 재결합할 수 있게 도와 달라" 등과 같은 황당한 내용도 있다.

이렇게 특정 인물에 대한 과도한 비난이나 황당무계한 청원들은 국민과의 소통과 국가정책에 대한 의견을 듣기 위한 청와대 국민청원의 설립 취지를 훼손하고 있다. 이런 일이 많아지자 청와대는 욕설이나 비속어를 사용하거나, 폭력적이고 선정적인 내용을 담은 청원, 청소년에게 유해한 내용을 담고 있거나, 허위사실이나 타인의 명예를 훼손하는 내용을 담은 청원에 대해서는 삭제한다는 규정을 만들었다. 이런 일이 빈번한 이유는 기존의 SNS 사용자들이 별도의 가입 절차 없이 손쉽게 청원을 올릴 수 있고, 익명성이 보장되기 때문으로 보인다. 심지어는 국민청원 게시판에 특이한 청원을 올리고 이를 온라인 커뮤니티를 통해 자랑하면서 관심을 끌려는 사례도 있다고 한다.

21세기 신문고

개선해야 할 점으로 가장 먼저 꼽히는 것은 실명 인증이나 회원 가입 절차를 도입하자는 것이다. 물론 이렇게 작성요건을 강화할 경우 다양한 청원이 올라오는 데 다소 제한이 될 수도 있지만, 무분별한 청원으로 인한 문제는 상당히 해소될 수 있을 것이다.

또한 게시된 청원에 대해 이용자들이 찬성과 반대 의견을 중복해서 표시할 수 있는 현 시스템도 개선이 필요해 보인다. 청와대 국민청원 게시판에 올라온 청원에 대해 이용자들은 한 사람당 네이버, 카카오톡, 트위터, 페이스북 등 4개의 계정을 통해 찬성과 반대 의사를 표시할 수 있도록 되어 있다. SNS를 통해 접속하면 한 사람당 4번의 의견을 중복으로 표현할 수 있는 것이다. 청와대 국민청원의 객관성과 공정성을 높이기 위해서는 이러한 중복 의사표현 문제도 해결되어야 한다.

"국민이 물으면 정부가 답한다"는 취지로 시작된 '청와대 국민청원'은 국민과의 적극적인 소통뿐 아니라 국민의 직접민주주의를 향한 욕구를 담아내는 중요한 장치가 되고 있다. 나타난 부작용을 최소화하고 장점을 극대화하여 '21세기 신문고'로 자리 잡기를 기대한다.

2018년 3월의 시선

국가조찬기도회

심영섭

여호와는 악인을 멀리 하시고 의인의 기도를 들으시느니라(잠언 15:29).

너희의 무수한 제물이 내게 무엇이 유익하뇨 나는 수양의 번제와 살진 짐승의 기름에 배불렀고 나는 수송아지나 어린 양이나 수염소의 피를 기뻐하지 아니하노라. 너희가 내 앞에 보이러 오니 그것을 누가 너희에게 요구하였느뇨 내 마당만 밟을 뿐이니라(이사야서 1:11-12).

한국기독교교회협의회(NCCK) 언론위원회(위원장 이동춘 목사)는 2018년 3월 「(주목하는) 시선 2018」로 '국가조찬기도회'를 선정했다. 올해로 제50주년으로 '희년'을 맞이하는 국가조찬기도회가 지난 3월 8일 일산 킨텍스 제1 전시장에서 개최되었다. 2018년 국가조찬기도회는 "역사를 주관하시는 하나님"이라는 주제로 문재인 대통령 부부와 교계지도자, 여야 정치인, 정부 주요 인사, 기독교계 실업인 등 5000여 명이 참가한 가운데 성대하게 치러졌다. 국가조찬기도회는 해를 거듭할수록 참석 규모가 확대되고 있다. 그러나 더 이상 국가와 민족을 위한 기도회라기보다는 사익과 권력을 탐하는 행사라는 비판을 받고 있다. 국가조찬기도회에 대한 논란이 더해진 데는 겉으로 범교회적인 기도 행사이지만, 실제로는 사단법인 형태로 구성된 '대한민국국가조찬회'라는 단체가 주최하면서 행사의 성격이 변질되었다는 비판을 받는다. 사단법인 구성원 몇 사람에 의해 국가조찬기도회의 구성과 운영이 좌지우지되고 있다는 따가운 시선 때문이다.

국가와 민족을 위한 구도자에서 가이사의 시종으로

기독교인이 국가와 민족, 위정자를 위해서 기도한 것은 이 땅에 기독교가 전파된 이래 지속되어왔다. 1896년 고종의 생일을 축하하기 위한 '만수성절' 기념식에서 기독교인들은 조선의 자주독립과 국왕의 만수무강을 기원하는 기도회를 개최했다. 이 시기의 구국기도회가 조선왕조로부터 탄압을 받던 자신들의 생존을 위한 우호적인 행동으로 비판받을 수도 있다. 그러나 한국 기독교는 1905년 '을사늑약'을 앞두고 각 교회마다 구국기도회를 개최하여 국가와 민족을 지키고자 했다. 또한 1919년 3·1운동 때는 독립선언문에 서명한 민족대표 33인 중 16명이 기독교인이었다. 이러한 사실들을 감안한다면 초기 한국 기독교의 국가를 위한 기도회는 민족의 자주독립에 대한 염원과 밀접하게 맞닿아있었다. 그러나 이러한 국가와 지도자를 염원을 담은 기도회는 그리 오래 지속되지 못했다.

일제강점기에 교세를 확장한 기독교가 하나님이 아닌 '가이사의 것'에 주목하기 시작하면서 국가와 민족을 위한 기도회는 권력을 위한 부역의 도구로 전락한다. 1937년부터 시작된 '무운장구기도회' 등은 내선일체와 신사참배를 앞세운 일본 제국주의의 승전과 일왕의 만수무강을 기원하는 민족 반역의 역사였다. 퇴락한 조선왕조 말기에 개최된 기도회가 국가와 민족을 위한 염원을 담았다면, 1930년대 중반부터 시작된 '무운장구기도회'류는 불의한 권력에 순응하고, 권력에 편승하여 사익을 얻기 위한 굴욕의 역사였다. 진정 "악인을 멀리 하시고 의인의 기도"(잠언 15:29)를 들으시는 하나님에게 가까이 갈 수 없는 부끄러운 역사였으며, 의인 10명이 없어 멸망한 소돔과 고모라의 악습을 추종하는 행위였다.

국가조찬기도회의 맥도널드화

한국 사회에서 국가조찬기도회가 합리성에 대한 비합리성의 기제에 따라 움직이기 시작한 것은 미국식 국가조찬기도회(National Prayer Breakfast)를 본뜨기 시작하면서 부터이다. 미국식 국가조찬기도회는 1965년 2월 27일 처음으로 열었다. 초창기에는 기독교와 가톨릭교회가 함께 참여하는 범기독교 행사였다. 그러나 이 기도회는 다음해 '대통령 조찬기도회'로 명칭이 바뀌면서, 또 다른 '무운장구기도회'로 변질되었다. 초창기부터 국가조찬기도회를 주최한 설교자는 "박 대통령이 이룩하려는 나라가 속히 임하길 빈다"(제1회)며, "우리나라의 군사혁명이 성공한 이유는 하나님이 혁명을 성공시킨 것"(제2회)으로, "10월 유신은 실로 세계 정신사적 새 물결을 만들고 신명기 28장에 약속된 성서적 축복을 받은 것"(제6회)이라며 5 · 16군사쿠데타로 집권한 군부의 실력자를 찬양하였다. 박정희 정권이 유신헌법을 선포하며 독재를 노골화시키자, 1976년부터 기도회 명칭은 '국가조찬기도회'로 바뀌었다. 그러나 여전히 국가조찬기도회에서는 로마서 13장이 인용되며 "정부는 하나님이 인정한 것이며 따라서 교회는 정부에 순종해야 한다"는 발언이 종종 튀어나왔다. 이 기도회의 성격이 정의가 강물처럼 흐르는 국가와 민족을 위한 염원보다는 불의한 국가 권력에 순응하여 교세 확장과 영향력 확보에 중점을 두었기 때문이었다. 노동자를 탄압하고, 민주주의를 억압하는 독재자를 두둔하고 옹호하는 국가조찬기도회는 통치를 위한 계도 수단의 하나일 뿐이었다.

국가조찬기도회는 1980년 집권한 신군부 시절 다시 개인을 위한 기도회로 노골화된다. 1980년 8월 6일 서울 롯데호텔에서 20여 명의 한국교회 지도자들이 참석한 가운데 '전두환 국가보위비상대책위원회 상임위원장을 위한 조찬기도회'가 열렸다. 설교를 담당한 참석자들은 전두환 장군과 신군부 세력들을 하나님의 이름으로 축복하였고, 이는 광주민주화운동 유혈 진압으로 인해 국내·외적으로 곤경에 처한 신군부를 노골적으로 두둔한 행위였다. 이러한 국가조찬기도회의 전통은 전두환 정권을 넘어 지금까지도 그대로 이어졌다.

이러한 국가조찬기도회는 한국 기독교 문화가 미국 패스트푸드 음식점인 맥도널드와 유사함을 알 수 있게 한다. 성령 충만한 믿음을 만들기 위해서 개개인이 걸어야 할 구도의 과정은 생략된다. 과정은 항상 시간과 땀을 요구한다. 그러나 시간에 쫓기고 고립을 두려워하는 무리에게 배고픈 영혼은 손쉬운 영적 패스트푸드를 선택하게 만든다. 오직 개인의 노력으로 도달할 수 있는 구도의 길을 포기하고, 영적 갈증을 정치적·경제적·문화적 영향력을 행사하는 주체와 같은 밥상에 앉아 쉽게 해갈하는 방식을 선택한 것이 국가조찬기도회이다. 국가조찬기도회는 세상의 모든 불안과 고통의 해결 방법을 권력으로 해갈시킨다. 또한 권력은 영혼의 불안을 일시적이지만 잠재워준다. 다시 불안이 엄습하면, 국가조찬기도회를 열면 된다. 갈멜산에 모인 바알의 선지자들처럼 만찬을 차리고 피

사진은 이명박 전 대통령이 제43회 국가조찬기도회에 참석해 무릎을 꿇고 있는 가운데 김윤옥 여사가 속눈썹을 매만지고 있는 모습

를 토하듯 권력을 탐하면 된다. 그러나 이들이 같은 밥상에 앉기 위해서 지불해야 하는 대가는 권력에 대한 충성이다.

하늘에 계신 아버지

기도는 하늘을 향해야 한다. 기도가 하늘을 향한다면 그의 나라는 임재할 것이고, 우리 가운데 완성될 것이다. 그때 그의 뜻도 이루어질 것이다. 그러나 시선은 하늘과 동시에 땅에 머물러야 한다. 우리의 시선은 그의 나라가 도래할 때까지 인간에게 향해야 하지만, 그것은 밥을 나누는 일상의 실천을 통해서만 의미가 있다. '아침을 함께 나누는 기도'는 분열보다는 일치를, 유혹보다는 믿음을, 협오와 갈등보다는 사랑을, 고통과 굶주림보다는 나눔을 위한 밥상이어야 한다. 밥상을 나누는 기도는 인간이 인간과 나눌 수 있는 천국의 현재화이다. 그러나 현재 국가조찬기도회는 인간이 인간에게 군림하고, 소수가 다수를 억압하고, 부와 영화를 독점하기 위한 결탁이다. '생명의 떡'(요 6:35)을 나눌 수 없는 곳에 기도는 필요 없다. 누구나 그의 성전에 들어와 밥상을 나누고 기도한다고 소리치지만, 결국 그의 마당만 밟고 지나친 것이다(사 1:11-12). 밥은 모두의 생존을 위해 필요한 우리의 공유물이자 생명인 것이다(잠 20:33). 하늘에 계신 아버지에게 부르짖기 위한 국가조찬기도회라면, 그 밑바탕은 교회여야 하고, 매일같이 부르짖는 민중의 바람이 응집된 밥상이어야 한다. 국가조찬기도회는 밥상을 차린 자들의 배를 채우는 수단이 아닌, 밥상 언저리에도 가지 못했지만 '이 땅에 도래할 하나님의 나라'를 기다리는 굶주린 자, 벌거벗은 자, 목마른 자, 소외된 자, 갇힌 자들을 신원하고, 궁극적으로 그들에게 옷과 밥과 물을 가져다주고, 생명을 줄 수 있어야 한다. 그곳에 국가를 위한 아침 밥상이 있어야 한다. 그러나 국가조찬기도회는 하늘의 구원보다는 인간의 탐욕에 더 바빠 보인다. 하늘을 향해 기도하는 우리에게 필요한 것은 무리를 갈라 치고, 선택받은 소수에게 특권을 부여하지 않는 것이다. 기도는 모두('우리')를 위해 나눌 수 있는 생명의 양식을 얻기 위한 과정이어야 한다. 밥이 필요한 사람들과 함께 나눌 수 있는 아침이어야만, 하나님을 향한 조찬기도회일 수 있다. 국가는 국민의 행복을 위해 복무할 뿐이며, 그 국민은 바로 '우리'인 것이다.

그래서 국가조찬기도회는 동과 서로부터 많은 사람이 천국에 와서 (마 8:11) 예수의 상에서 함께 먹고 마시는 것(눅 22:30)이 목적이어야 하는 것이다. 그러나 현재 국가조찬기도회는 별도의 사단법인이 설립되면서 사익과 권력에 조응하는 이익집단의 사교장으로 변질되고 있다. 더 이상 국가와 민족보다는 개인과 집단의 사익을 유지하기 위한 구복 행사로 치달았다. 온갖 장사치들과 환전상들이 사익을 추구하는 성전 앞마당 난장을 뒤엎었던 예수는 "이것을 여기서 가져가라 내 아버지의 집으로 장사하는 집을 만들지 말라"(요 2:16)고 엄하게 꾸짖는다. 예수의 시선에서 성전은 더 이상 기도하는 집이 아니라, 온갖 썩은 재물과 사욕에 눈 먼 소돔과 고모라였으며, "내 마당만 밟을 뿐"(사 1:12), 더 이상 하나님과는 관계없는 난장일 뿐이었다.

이제 우리와 함께 하여야

국가조찬기도회에서 한국교회를 향해 쓴 소리가 없었던 것은 아니다. 1993년 제25회 국가조찬기도회에 참석한 김영삼 대통령은 "우리 사회에 빛과 소금을 자처하는 기독교인은 참으로 많은데도 우리 사회가 어찌하여 이렇듯 타락했는가 하는 의문을 떨쳐 버릴 수 없다"며, "부정에 연루된 사람들 가운데 부끄럽게도 기독인들이 적지 않았다"라며 개탄했다. 김대중, 노무현 대통령 시절 개최된 국가조찬기도회에서는 독재자에 대한 찬미 대신 국가최고지도자인 대통령이 실업극복과 국민화합, 남북통일 등 국가의 당면과제에 대해 교회지도자들에게 기도를 부탁했다. 참석자들도 대통령 개인보다는 나라와 민족을 위해 기도했다. 그러나 이러한 전환도 잠시일 뿐, 이른바 '장로 대통령'인 이명박 대통령 집권 후 국가조찬기도회는 다시 '성전 마당의 난전'으로 퇴보했다. 김지방 기자는 그의 책 『정치교회』에서 "국가조찬기도회는 이제 교회가 정권을 합리화하는 장이 아니라, 정권이 교회의 인심을 얻으려는 행사"라고 표현하였다.

제50회 국가조찬기도회에 참석한 문재인 대통령은 "올해로 50주년을 맞는 국가조찬기도회…는 '희년의 해'를 축복하는 자리여서 더욱 뜻 깊다"라며, "… 희년은, 죄인과 노예, 빚진 사람 모두 원래의 자리로 돌아가는 해방과 안식의 해였다. 약자는 속박으로부터, 강자는 탐욕으로부터 해방되어 다시 공동체가 건강해질 수 있다. 경계와 벽을 허무는 포용과 화합의 정신이 희년을 통해 나타난 하나님의 섭리라고 생각한다. 오늘 우리 사회에서 희년의 의미를 되새기고 실천을 다짐하는 기도회가 되었으면 한다"는 바람을 이야기했다. 특히 문재인 대통령은 '무운장구기도회'가 기독교를 뿌리째 뒤흔들던 시대에도 꿋꿋하게 조선기독교를 지키며 신사참배를 거부했던 조수옥 전도사와 문맹 퇴치와 약자를 위해 앞장서다 순교한 문준경 전도사를 떠올리며, 이 땅에서 차별받아 아파하는 여성들과 함께해 줄 것을 당부했다. 고통 받는 미투(#MeToo) 운동 피해자들

문재인 대통령이 참석한 제50회 국가조찬기도회(2018. 3. 8.)

에게 따뜻한 기도를 부탁한 것이다.

이제 교회가 답할 순서이다. 한국교회는 이제 자신의 충실한 장군 우리야의 아내 밧세바를 취한 다윗을 엄하게 꾸짖은 나단처럼, 갈멜산에서 바알의 예언자 450명에게 불의 심판이 내려오도록 기도한 엘리야처럼, 교회 앞마당에 펼쳐놓은 온갖 좌판과 돈 바꾸는 창구를 갈아엎고 다시 이웃과 민족, 국가를 위해 기도해야 한다. 그곳은 더 이상 여호와의 마당만 밟고 지나가는 '무운장구기도회장'이 아닌, '얍복강에서 씨름하는 야곱의 기도처'가 되어야 할 때이다. 세상은 교회가 어떤 대답을 할 것인지 주목할 것이다. NCCK 언론위원회 또한 국가조찬기도회를 비롯한 한국교회의 답변에 주목한다.

2018년 4월의 시선

분단 70년 만에 개설된 남북 정상간 핫라인

김 당

'한국기독교교회협의회(NCCK) 언론위원회(위원장 이동춘 목사)는 2018년 4월의 「(주목하는)시선 2018」로 '분단 70년 만에 개설된 남북 정상간 핫라인'을 선정했다.

바야흐로 한반도에 봄이 왔다. 한반도 분단의 상징인 판문점의 '평화의 집'에서 열린 3차 남북정상회담에서 대한민국 대통령 문재인과 조선민주주의인민공화국 국무위원장 김정은은 전 세계가 숨죽이고 지켜보는 가운데 3개 조 13개 항으로 된 4・27 한반도의 평화와 번영, 통일을 위한 판문점 선언(이하 판문점 선언)에 합의했다.

평양에서 열린 역사적인 1차 남북정상회담과 6・15공동선언, 2차 남북정상회담과 10・4선언에 이어 11년 만에 남한 땅에서 처음 열린 3차 남북정상회담에서 두 정상은 분단의 상징인 판문점에

서 한반도에 더 이상 전쟁은 없을 것이라고 선언했다. 또한 새로운 평화의 시대가 열리었음을 8천만 겨레와 전 세계에 엄숙히 천명했다. 나아가 두 정상은 "완전한 비핵화를 통해 핵 없는 한반도를 실현한다는 공동의 목표를 확인하였다"고 선언함으로써 향후 북미 정상회담에서 구체화할 '완전한 비핵화'의 실현을 인도할 길잡이 역할을 성공적으로 수행했다.

이에 앞서 정상회담 1주일 전인 4월 20일에는 분단 70년 만에 처음으로 남북 정상간 '핫라인'(Hot Line-직통전화)이 개통되었다. 과거 김대중 · 노무현 정부 때도 국정원에 북측과 연결되는 직통전화가 개설되어 최고 지도자 간의 의사소통에 활용된 바 있지만, 남북 정상의 집무실에 직통전화가 개설된 것은 이번이 처음이다. 특히 김위원장은 판문점선언에 서명한 뒤에 가진 기자회견에서 정상간의 '긴밀한 소통'을 강조함으로써 직통전화가 장식용이 아님을 분명히 했다. 문 대통령도 환영만찬에서 "김정은 위원장과 나는 정

기적인 회담과 직통전화로 대화하고 의논하며 믿음을 키워 나갈 것"이라고 다짐했다.

4월 20일 첫 개통 시험통화에서 두 정상을 대신한 남북 관계자들은 마치 옆집 이웃과 통화하는 것처럼 평양과 서울의 날씨를 묻고 답했다. 지난 10년 동안 단절된 남북관계를 복원하는 '비정상의 정상화'를 알리는 신호탄이었다. 두 정상의 집무실에 놓인 직통전화는 두 정상이 8천만 겨레 앞에 약속한 합의 내용을 어떻게 이행할지 가늠해볼 수 있는 시금석처럼 보였다. 이에 NCCK 언론위원회는 남북 정상간 직통전화가 향후 남북관계에 미칠 영향과 그 효용성에 주목해 '분단 70년 만에 개설된 남북 정상간 핫라인'을 2018년 4월의 '시선'으로 선정했다.

현실이 된 가상 통화 "너는 앞으로 아무 것도 쏘지 마!"

3차 남북정상회담을 하루 앞둔 4월 26일 소셜 미디어(SNS)에서는 김정은 조선민주주의인민공화국 국무위원장과 문재인 대한민국 대통령이 전화 통화하는 사진이 재치 넘치는 사진설명과 함께 유통되었다. 대화 내용은 이랬다.

김정은: 형, 내일 점심은 내가 쏠게!

문재인: 아니 내가 쏠게. 너는 앞으로 아무 것도 쏘지 마!

물론 가상 통화다. 남북한 당국은 정상회담 1주일 전에 남북정상 간의 핫라인을 개설해 시험 통화하면서 정상회담 전에 남북 정상 간에 통화가 이뤄질 것이라고 예고한 바 있지만, 정상 간 통화는 이뤄지지 않았다. 그러나 가상 통화는 그 어떤 사실 보도나 논설보다도 정곡을 찌르는 위트가 담긴 통화였다. 남북한 정상 간의 관계가 이런 대화를 나눌 수 있을 정도라면 한반도 평화는 더는 바랄 게 없을 것이기 때문이다.

놀랍게도 다음날 가상 통화는 현실이 되었다. 두 정상은 4·27 판문점 공동선언문에서 한반도에 더 이상 전쟁은 없을 것이라고 선언했다. 이어 새로운 평화의 시대가 열리었음을 8천만 겨레와 전 세계에 엄숙히 천명했다. 두 정상은 나아가 "남과 북은 완전한 비핵화를 통해 핵 없는 한반도를 실현한다는 공동의 목표를 확인하였다"고 선언했다. 또한 정상회담 전 사전 환담에서 김정은 위원장은 "대통령께서 (NSC 소집으로) 새벽잠을 설치지 않도록 제가 확인하겠다"고 말했다. 더는 핵실험을 하지 않고 미사일을 쏘지 않겠다는 약속인 셈이다.

핫라인 개설의 원초적 배경은 핵미사일 불안감 때문

핵무기는 재래식 무기와는 차원이 다른 무기다. 가공할 파괴력 때문에 핵을 가진 나라의 이웃은 불안할 수밖에 없지만, 핵 보유국끼리도 서로 불안하긴 마찬가지다. 상대가 언제 불시에 선제타격을 할지 모르기 때문이다. 냉전 시기 서로 으르렁대던 미국과 소련(러시아의 전신)이 핵보유국 사이의 긴급연락용 직통통신선을 지칭하는 핫라인을 만들게 된 원초적 배경도 상대의 핵미사일에 대한 불안감 때문이었다.

미・소가 본격적으로 핵무기 경쟁을 시작한 것은 1950년대부터다. 그러나 미・소가 보유한 핵탄두의 합은 1960년에 이미 2만기를 넘어서 인류를 절멸할 수준이 되었다. 그래서 미・소가 채택한 핵전략이 상대방이 공격해오면 미사일이 도달하기 전 또는 도달 후 생존해 있는 보복력을 이용해 상대방도 절멸시킨다는 상호확증파괴(mutual assured destruction, MAD)이다. 'MAD'는 핵전쟁이 일어나면 누구도 승리할 수 없다는 전제 아래 행하는 핵억제 전략

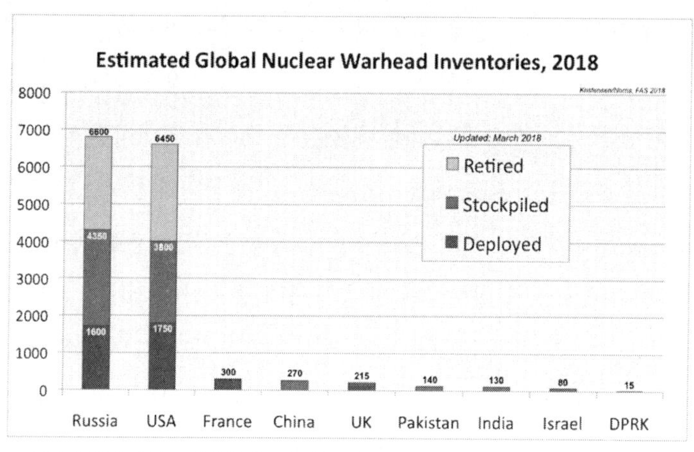

▸ 전세계 핵탄두 보유 현황(출처: 미과학연맹 FAS)

이다.

그런데 이 '공포의 균형' 전략은 1962년 10월 소련이 핵탄도미사일을 미국의 턱밑인 쿠바에 배치하려는 시도를 둘러싸고 미 · 소가 대치해 핵전쟁 발발 직전까지 갔던 '쿠바 미사일 위기'를 계기로 깨질 뻔했다. 다행히 쿠바 미사일 위기는 전쟁 일보 직전에 해소되었다. 이를 계기로 미 · 소는 상대의 사소한 실수나 오판이 핵전쟁으로 이어질 수 있다는 공감대를 갖고 양국 정부 간에 긴급 소통수단의 필요성을 절감했다.

미 · 소는 이듬해 워싱턴과 모스크바 사이에 '핫라인'이라고 부르는 양국 정부 간 긴급연락용 직통통신선을 개설하게 된다. 이어 1966년 6월 프랑스와 소련 간에 직통통신선협정이 성립되었고, 1967년 2월 영국 · 소련 사이에도 똑같은 협정이 체결되었다. 그리고 1967년 6월 중동전쟁 때 소련이 이 통신선을 이용해 미국에 평화를 위한 협력을 요청함으로써 미·소는 그 효용성을 확인했다.

이처럼 국제 관계에서 대화와 소통은 오히려 적대적인 쌍방 간에 더 중요하다. 수시로 대화·소통하는 우방국끼리는 사소한 실수나 오판이 전쟁으로 이어질 가능성이 거의 없지만, 상호 적대적인 국가일수록 사소한 실수나 오판이 군사적 충돌이나 전쟁으로 비화될 가능성이 크기 때문이다. 남북 정상 간의 직통전화 개설은 뒤늦은 감이 있지만, 비로소 정상(正常) 국가 사이에서는 낯익은 풍경으로 '비정상의 정상화'가 이뤄진 것으로 볼 수 있다.

3차 남북정상회담도 국정원·통전부 핫라인의 성과

그동안 남북한 간에 직통전화가 없었던 것은 아니다. 1972년 이후락 중앙정보부장의 비밀방북과 7·4남북 공동성명을 계기로, 실제로는 남측 정보부와 북측 통전부가 관리하는 남북적십자사 간의 판문점 연락관 직통전화가 개설되었다. 이후 전두환 정부에서는 장세동 안기부장, 박철언 안기부장 특보와 북측 허담 대남비서, 한시해 통전부 부부장 사이에 '88라인'이라고 부른 직통전화를 설치해 운용했다. 안기부·통전부 간 88라인은 박철언 특보가 대통령 정책보좌관으로 가면서 1986년부터 1990년까지 청와대 정책보좌관실에 클러치 시켜 가동되어 노태우 대통령의 북방정책을 뒷받침

하다가 1990년 고위급회담으로 남북 간 공식 대화채널이 열리면서 역할을 마쳤다.

김대중 정부에서는 2000년 6 · 15 남북정상회담 당시 김 대통령의 제안을 김정일 위원장이 동의해 임동원 국정원장과 김용순 대남비서 사이에 핫라인이 구축되어 김 대통령과 김 위원장 사이의 소통로 역할을 했다. 남북은 2002년 6월 서해에서 교전이 발생했을 때 이 핫라인을 통해 우발적 사고임을 확인해 유감의 긴급통지문을 회신하면서 확전을 막은 사실이 나중에 임동원 회고록을 통해 밝혀졌다. 남측은 이 핫라인을 통해 북측에 북미대화를 권고해 주선하는 등 김 대통령 임기 말까지 크고 작은 남북 간 현안을 논의하고 의견을 주고받았다.

이 핫라인은 노무현 정부로 이어졌으나 대북송금 특검 수사와 대규모 탈북자 입국 등으로 남북관계가 냉랭해지면서 유명무실해졌다. 그러다가 임기 말에 김만복 국정원장과 김양건 통전부장이 핫라인을 가동해 10 · 4남북정상회담을 추진하면서 중요한 채널로 기능했다. 노무현 정부는 이외에 2005년부터 서해상 충돌 방지를 위해 군사 핫라인 성격의 남북 통신연락소를 개설해 운용했다.

김대중 · 노무현 정부에서 남북 간 우발적 군사충돌 예방 및 완충 역할을 한 핫라인은 이명박 · 박근혜 정부 들어 전혀 기능을 하지 못했다. 분단 · 갈등 관리에 실패한 대표적 사례인 천안함 사건과 연평도 포격, 그리고 개성공단 가동중단에서 보듯 핫라인은 올해 초까지 불통 상태였다. 그러다가 남북대화를 제안한 김정일 위원장의 신년사를 계기로 남북한 소통의 기본창구인 판문점 연락채널이 복원되고, 김여정 특사의 방남을 앞두고 서훈 국정원장과 김영철 통전부장 간의 핫라인이 가동돼 3차 남북정상회담까지 성사된 것이다.

또한 남북정상회담을 계기로 분단 70년 만에 남북 정상이 언제든지 전화를 하면 연결이 되는 상황이 됐다. 남북 정상간 핫라인은 청와대 여민관 3층에 있는 대통령의 집무실 책상 위에 놓였지만, 관저와 본관 집무실 등 대통령 업무 장소에 모두 연결되도록 설치됐다. 이제 국민은 문재인 대통령이 트럼프 대통령이나 아베 총리는 물론, 시진핑 주석이나 푸틴 대통령과 통화하듯, 이제 김정은 위원장과도 통화하는 모습을 볼 수 있게 되었다.

'10초 월경'과 '도보다리 밀담' 그리고 국가보안법의 '회합・통신'

저널리즘은 기본적으로 '새로운 무엇'(something new)을 찾는 속성이 있다. 그에 비추어보면, 3차 남북정상회담은 북한 최고지도자의 방남과 양국 정상 부부가 함께 한 만찬, 그리고 두 정상이 8천만 겨레 앞에서 직접 발표한 공동선언 등 1・2차 남북정상회담에서 볼 수 없었던 몇 가지 새로운 장면을 연출했다. 이런 공식적인 장면은 선대의 지도자들과 달리 스위스 유학 경험이 있는 신세대지도자가 통치하는 정상국가의 면모를 보여준다.

이보다 더 만감이 교차하게 만든 인상적인 장면은 북한 최고권력자가 분단 이후 처음으로 군사분계선(MDL)을 넘어 '자진 월남'하는가 싶더니, 남한 대통령의 손을 덥석 잡고 분단 이후 처음으로 '깜짝 월경'한 것과 전 세계가 숨죽이고 지켜본 '도보다리 밀담'이 아닐까 싶다. 김 위원장도 인사말에서 "200미터 걸어오는 길에 만감이 교차했다"면서 "분단선이 높지도 않은데 많은 사람들이 밟고 지나다 보면 없어지지 않겠습니까"라고 말했다.

문 대통령의 '자진 혹은 강제 월북'은 예정에 없던 돌발 상황이다. 국가보안법을 엄격히 적용하면, 두 정상은 10초간 국가보안법상의 '잠입・탈출'을 감행한 셈이다. 김 위원장의 연설은 "더 많은 사람들이 분단선을 넘어 잠입・탈출을 하다 보면 없어지지 않겠냐"는 '찬양・고무'다.

대통령의 집무실 책상 위에 놓인 정상간 핫라인이 한낱 장식품이 아니라면, 앞으로 두 정상은 직통전화를 통해 '도보다리 밀담' 같은 대화와 소통을 더 자주 하게 될 것이다. 정상(正常)의 국가 관계에서는 정상(頂上)끼리 통화하는 것이 상례다. 하지만 이 또한 국가보안법상의 간첩죄를 구성하는 '회합・통신' 조항을 떠올리게 한다.

NCCK 언론위원회는 8천만 겨레에게 만감이 교차하는 '평화의 봄'을 선물한 3차 남북정상회담을 계기로 국가보안법의 존재 이유를 묻는 가운데, 온 국민의 평화통일 염원을 담아 '분단 70년 만에 개설된 남북 정상간 핫라인'을 2018년 4월의 '시선'으로 선정했다.

이후 6월에는 역사적인 첫 북미 정상회담이 싱가포르에서 열렸고, 8월 초에는 김정은 위원장과 트럼프 대통령의 친서가 쌍방 간에 오갔다. 트럼프 대통령도 북미 정상회담 이후 기자들에게 "김정은과 전화번호를 교환했다"면서 이렇게 말했다.

"그(김정은 북한 국무위원장)에게 매우 직접적인 전화번호를 줬다. 이제 그가 어려움이 생기면 내게 전화할 수 있고, 나도 그에게 전화할 수 있다."

이런 호언과 장담에도 불구하고, 친서만 오갈 뿐 남북 및 북미 정상 간의 '긴밀한 소통'을 담보할 직통전화를 통한 대화는 아직 이뤄지지 않고 있다. 한 번의 만남 이후 '대화의 만리장성'을 쌓기에는 북미 간은 물론, 남북 간에도 아직 신뢰가 부족한지 모르겠다.

2018년 5월의 시선

국가의 보호를 요청하는 여성들

김덕재

한국기독교교회협의회(NCCK) 언론위원회(위원장 이동춘 목사)는 2018년 5월의 「(주목하는)시선 2018」로 '국가의 보호를 요청하는 여성들'을 선정했다. 2018년 5월 19일 토요일 오후, 대학로 혜화역 2번 출구 앞에서 있었던 여성들의 시위는 단일성별로는 역대 최대인원이 벌인 시위였다. 홍대에서 벌어졌던 '홍대 몰카 사건' 수사과정에서 벌어진 경찰의 편파수사에 대한 항의시위로 시작된 이 시위는 남성중심으로 짜인 우리 사회에 대한 여성들의 거센 저항의 물결이 되고 있다. 본 위원회는 여성들의 시위가 우리 사회에 어떤 변화를 가져올 것인가를 기대하며 이에 주목했다.

'생물학적 여성'만의 특별한 시위

2018년 5월 19일 토요일 오후, 대학로 혜화역 2번 출구 앞으로 삼삼오오 붉은 옷을 입은 여성들이 모여들었다. 오직 '생물학적 여성'만 참여 가능한 특별한 시위가 예정돼 있었다. 오후 3시가 되자 수많은 여성들이 행사장을 온통 붉은 색 옷으로 물들였다. 주변을 기웃거리거나 휴대폰을 꺼내 촬영을 하려던 남성들은 참가자들의 날카로운 시선이나 고함소리에 물러나야 했다. 이날 시위에 참가한 사람은 주최 측 추산 1만 2천명, 모두 여성이었다. 단일성별로는 역대 최대인원이 벌인 시위였다.

이날의 시위는 홍대에서 벌어졌던 '홍대 몰카 사건' 수사과정에서 벌어진 경찰의 편파수사에 대한 항의시위였다. '홍대 몰카 사건'이란 홍대 미대에서 누드크로키 수업에 참여했던 한 여성 모델이 동료 남성 모델의 나체를 불법 촬영해 인터넷에 유포시킨 사건을 말한다. 사건이 벌어진 건 지난 5월 1일이었다. 5월 4일 수사를 의뢰받은 경찰은 수사 1주일만인 11일, 현장에 있던 사람 중 피해자의 동료 여성 모델을 유력한 용의자로 구속 수감했다.

그런데 시위에 참가한 여성들의 주장은 피해자가 남성이기 때문에 경찰이 이례적으로 신속하게 수사에 임했다는 것이다. 게다가 용의자가 여성이어서 '몰카사건'으로는 이례적으로 구속했으며, 심지어 용의자를 포토라인에 세워 언론에 공개하기까지 했다는 것이다. 여성이 피해자인 대부분의 불법촬영 사건과 달리, 남성이 피해자인 이번 사건 수사는 빠르고 강력하게 진행됐다는 주장이다. 즉 수사과정에 심각한 성차별이 존재한다는 것이다.

이러한 인식은 상당히 광범위하게 퍼져있는 것으로 보인다. '홍대 몰카 사건'이 알려진 이후 청와대 국민청원 게시판에는 성차별 없는 수사를 요청하는 "여성도 대한민국 국민입니다. 성별 관계없는 국가의 보호를 요청합니다"라는 청원이 올랐다. 이 청원은 한 달도 안 되는 기간에 무려 40만 명 이상의 동의를 얻었다. 많은 사람들이 경찰의 수사과정에 성차별적인 부분이 있었다고 생각하고 있는 것이다.

여성들의 체감 속 여성차별

청와대 국민청원에 대한 답변에는 경찰청장이 직접 나섰다. 경찰청장의 답변은 수사과정에서 성차별은 없었다는 것이다. 대부분의 불법촬영 사건과 달리 해당사건은 사건이 발생한 크로키 수업시간에 작업실이라는 제한된 공간에 20여명만 있었기 때문에 수사범위가 좁았고, 그래서 수사가 신속하게 진행될 수 있었다는 것이 그의 해명이었다. 또한 수사과정에서 여성 피의자를 구속시킨 것은 피의자가 휴대전화를 한강에 버리는 등 증거인멸을 시도했기 때문이지 성차별 때문이 아니라고 밝혔다. 피의자가 포토라인에 서게 된 것도 경찰이 의도한 것이 아니라, 사회적 관심이 큰 사건이다 보

▸ 5월 19일 혜화역 앞에서 벌어진 여성 시위

니 법원으로 이동하는 과정에서 언론에 불가피하게 노출된 것이라고 했다.

이처럼 경찰이 상당히 설득력 있는 주장을 내놓았음에도 왜 여성들은 수사과정에 성차별이 있었다는 주장을 계속하는 것일까? 그것은 이번 사건에 대한 경찰의 해명이 사실로 보이기는 하지만, 일상 속에서 갖은 차별에 시달려온 여성들이 '체감할 수 있는 법적 정의'와는 동떨어진 것이기 때문이 아닐까?

이번 홍대 사건과는 달리 보통의 '몰카' 피해자 대부분은 여성이다. 지난 2015년부터 2016년까지 2년간 한국성폭력상담소에 접수된 '몰카' 범죄 피해자의 94%가 여성이었다. 반면 가해자는 92%가 남성이었다. 그런데 가해자 중 실형을 선고받은 비율은 5%에 불과하고 70% 이상의 가해자가 벌금형을 받는데 그쳤다. 불법촬영 범죄에 있어 가해자의 대다수를 차지하는 남성에 대한 법적 처벌이 제대로 이뤄지지 않고 있는 것이다.

이런 점에서 본다면 여성들의 시위가 사실은 '몰카' 범죄에 대한 지금까지의 솜방망이 처벌 때문이라고 할 수 있다. 더욱이 빠르게 증가하고 있는 '몰카' 범죄에 여성들의 피해는 갈수록 심해지고 있다. '몰카' 범죄는 지난 2012년 2,462건에서 2016년 5,249건으로 4년 만에 2배 이상 늘어났다. 인터넷 발달로 피해는 더욱 심각해지고 있는 상황이다.

다시 강남역 10번 출구

홍대 사건으로 여성들의 분노가 끓어오른 데는 또 다른 이유가 있다. 시위가 있기 이틀 전인 5월 17일은 특별한 날이었다. 바로 2016년 강남역 인근 상가 화장실에서 한 여성이 이유도 없이 살해당한지 2주기 되는 날이었다. 당시 범인은 화장실에 숨어 기다렸다가 생면부지의 피해 여성을 칼로 찔러 살해했다. 경찰은 범인이 조현병을 앓고 있다는 이유로 '묻지마 살인'으로 규정했지만, "평소 여자들이 자신을 무시해서 범행을 저질렀다"는 범인의 진술 때문에 '여성 혐오 범죄'로 보는 시각도 많았다.

범인은 화장실에 숨어서 여성이 들어오기를 기다렸다 살해했다. 이런 점에서 피해자가 여성이기 때문에 살해됐다는 점은 분명하다. 사건직후 강남역 10번 출구에 마련된 추모의 벽에 가장 많은 글귀는 "여성 혐오는 사회적 문제," "남아 있는 여성들이 더 좋은 세상 만들게요" 등 여성 혐오 문제를 지적하는 내용의 쪽지들이었다. 많은 여성들이 "피해자가 단순히 여성이기 때문에 죽었다"며 자신도 언제나 피해자가 될 수 있음을 자각하게 된 사건이었다.

강력범죄에 희생되는 여성 피해자가 늘어나는 상황에서 이 사건을 통해 여성들은 자신들이 공중화장실에서 느끼곤 했던 막연한 공포가 괜한 우려가 아니었다는 걸 알게 됐다. 여성들이 이 사건을 '여성혐오 범죄'로 인식하는 것은 자신들이 일상 속에서 느껴온 공포 때문인 것이다. 공중화장실에서, 홀로 걷는 밤길에서, 엘리베이터에서 순간순간 느껴야 하는 공포에 지친 여성들에게, 화장실에 숨어 있다가 여성을 골라 살해한 범행이 조현병에 의한 '묻지마 살

▸ 2016년 강남역 살인사건 이후 시민들은 강남역 10번 출구에 추모공간을 만들어 포스트잇 부착 등 추모행사를 진행했다. 사진=이치열 기자 truth710@ 미디어오늘

인'이지 '여성혐오 범죄'는 아니라는 설명은 무망한 것이다.

여성들의 공포가 막연한 것이 아님은 통계를 통해 입증된다. 대검찰청의 2015년 범죄분석 피해결과에 따르면 살인, 강도, 강간, 방화 등 강력범죄에 노출된 여성 피해자는 1995년 29.9%에서 계속 증가해 2014년에는 90.6%에 달했다. 이는 강력범죄가 주로 여성을 대상으로 일어나고 있다는 것을 분명히 보여준다. 강력범죄의 주된 피해자가 과거 남성에서 이제는 여성으로 완전히 뒤바뀐 것이다. 성폭력 범죄 피해자 역시 여성비율이 극명하게 높다. 2014년 성폭력 범죄 피해자는 2만 9863명이었는데, 이 중에 2만7129명이 여성으로 90.8%에 달했다.

강남역 살인사건을 '묻지마 범죄'로 볼 것인가 '여성혐오 범죄'로 볼 것인가는 이후에도 많은 논란을 일으켰다. 전문가들 사이에도 의견이 갈렸고, 특히 인터넷을 기반으로 하는 페미니스트 그룹들과 몇몇 남성 그룹들 사이에는 극단적인 의견 차이로 추모 현장에서 물리적 마찰이 빚어진 경우도 있었다. 그 흐름은 지금까지도 두 그룹 사이에 심한 상호 혐오와 갈등으로 이어지고 있다.

미투(me-too) 운동과 성평등 사회

그럼에도 불구하고 이 사건은 여성들의 사회적 자각을 촉발했고, 이후에 일어난 미투운동과도 상호연관성이 크다고 할 수 있다.

하지만 여성을 상대로 한 범죄는 그 이후로도 계속해서 일어났다. 제주도 게스트하우스에서 여성 여행객이 희생당한 사건이 있었고, 여고생 기숙사 몰카 사건도 일어났다. 여성을 상대로 한 성적 폭력이나 불법촬영 같은 사건은 지금도 여전히 기승을 부리고 있다. 치안이 좋다고 외국인들에게 자랑하는 한국이지만 그것은 남성들에게만 해당하는 사실이지 여성들에게는 전혀 그렇지 않은 것이다.

최근에도 또 하나의 사건이 불거졌다. 이번에는 사진 스튜디오에서 벌어진 성추행 사건이다. 스튜디오 운영자가 촬영을 진행하면서 피팅모델로 참여한 여성들에게 노출사진을 강요하고 몸에 손을 대는 등 성추행했다는 폭로가 잇따르고 있다. 피해자는 유명 유튜버와 배우 지망생, 미성년자에 이르기까지 밝혀진 것만 6명에 이른다고 한다.

혜화역 앞에서 첫 여성시위가 있은지 1주일 후인 5월 26일 토요일, 청계천 광장에서 1,000여 명이 참석한 두 번째 시위가 열렸다. 여성들은 여전히 차별에 항의하는 뜻으로 붉은 옷을 입고, 신분을 감추기 위해 마스크와 선글라스로 얼굴을 가렸다. 그들은 여전히 두렵다.

그들은 차별 없는 경찰의 수사를 요구하고 있지만, 그들이 정말로 답답해하는 것은 단순히 경찰의 문제만은 아니다. 그들의 외침은 우리 사회 곳곳에 뿌리박혀 있는 오랜 차별의 습관, 질곡처럼 우리를 옥죄고 있는 남성중심 기득권의 구조를 향한 것이다.

성 평등은 민주주의의 척도다. 민주주의는 저절로 얻어지는 게 아니라 기존의 기득권 구조를 깨뜨려 얻어내는 것이다. 결국 지금의 성별 권력구조에서의 기득권을 깨부술 때 비로소 우리사회의 민주주의는 완성될 수 있을 것이다. 그것을 위한 여성들의 분노와 외침을 2018년 5월의 '시선'으로 선정한다.

2018년 5월 19일 그 이후

'홍대몰카사건'으로 촉발된 여성들의 시위를 5월의 '시선'으로 선정한 후 3개월이 지났다. 그간 이 문제를 둘러싼 논란은 더 거세진 형국이다. '여성' 시위는 6월 9일과 7월 7일에는 혜화역 앞에서, 8월 4일에는 광화문광장에서 대규모로 이어졌고, 언론은 이를 2차, 3차, 4차 시위로 명명했다. 규모는 1차 때보다 더 커져서, 주최 측에 따르면 2차는 4만 5천명, 3차 6만 명, 4차 7만 명이 참가했다. 시위가 거듭될수록 점점 더 규모가 커지고 있다. 시작은 '홍대몰카사건' 편파수사에 대한 항의 차원이었지만, 여성에 대한 불법촬영 사건들이 속속 새롭게 드러나면서 이제 여성 시위는 그동안 알게 모르게 받아온 차별과, 남성중심으로 짜인 우리 사회에 대한 여성들의 거센 저항의 물결이 되고 있다.

'홍대 몰카 사건'으로 인한 사회적 파장과 논란, 여성들의 시위가 계속되는 동안에도 새로운 '몰카' 사건은 끊임없이 일어났다. 이번에는 '화장실 몰카'였다.

한예종 여자화장실서 괴한이 '몰카' 시도 - 5월 29일
해양대학교 도서관 여자화장실, 고교생 몰래 촬영 - 5월 31일
중소기업 직원, 회사 여자화장실에 '몰카' 설치 - 6월 1일
20대 의사가 여자화장실 침입해 '몰카' 찍으려다 덜미 - 6월 20일
여성 몰카 영상 2,800여 건 SNS 통해 판매한 30대 구속 - 6월 26일
극장 여자화장실 '몰카' 설치한 여장 남자 검거 - 6월 28일
구의회 건물 여자화장실서 '몰카' 찍은 30대 검거 - 7월 11일
영월 관광지 여성화장실 '몰카' 발견 - 7월 20일
상가 여자화장실 상습 '몰카'범 구속 - 7월 24일

'화장실 몰카' 영상은 주로 여자화장실에 몰래 숨겨놓은 카메라로 불법 촬영되어 SNS나 파일공유사이트를 통해 유포돼 왔는데, 스마트폰 보급이 일반화된 이후로는 위에 잠시 살펴본 바와 같이 더욱 기승을 부리고 있다. '홍대 몰카 사건' 이후 '화장실 몰카'로 사회적 관심이 집중되자 정부와 지자체는 공중화장실에 대한 전수조사와 상시관리 계획을 밝히는 등 적극 대응을 시작했다.

혜화역 2차 3차 시위에서는 이러한 상황도 반영된 듯 '나의 일상은 너의 포르노가 아니다', '남자에겐 화장실, 여자에겐 불법촬영장' 같은 손팻말이 등장하기도 했다.

시위 참가자들은 여전히 경찰의 수사가 편파적이라고 주장했다. 한 참가자는 "범죄수사와 구형과 양형에까지도 성차별이 만연한 한국에서 공권력이 수호하는 것은 국민의 안전이 아닌 남성의

▸ 6월 9일 오후 3시 서울 종로구 혜화역 앞에서 열린 2차 시위에 참여한 여성들이 구호를 외치고 있다. 트위터 갈무리 – 경향신문

안전"이다. "남성 누드모델 몰카 유출사건으로 한국 여성은 남성과 동등한 시민으로 여겨지지 않는다는 사실이 드러났다"고 했다. 이들은 성 차별 없는 공정수사를 촉구하고, 불법 촬영 · 유출 · 유통에 대한 해결책 마련을 요구했다. 또 수사 책임자인 '남성 경찰청장'과 '남성 검찰총장'을 파면하고 여성 경찰청장과 여성 검찰총장을 선출하라고 요구하기도 했다.

한편에서는 여성들의 시위가 과격하고 자극적이며, 과도하게 공격적이라는 의견도 있다. '홍대 몰카 사건' 피의자가 해당 영상을 '워마드'에 올린 것을 두고, 워마드같은 극단적 그룹이 자신들을 보호하기 위해 억지논리를 펴고 있다는 분석도 있다. 워마드는 최근 가톨릭 성체훼손 사진을 커뮤니티에 올려 논란이 되기도 했고, 성당을 불태우겠다는 방화 예고, 문 대통령 합성 나체사진, 아동살해

예고 등 갖은 극단적 증오와 혐오 발언으로 물의를 빚고 있는 온라인 커뮤니티이다. 최근에는 '홍대 몰카 사건' 재판이 진행되고 있는 와중에 또 다른 남성 '몰카' 사진을 게재하기도 했다. 혜화역 앞 여성시위가 이들과 조직적으로 연계돼 있지는 않겠지만, 시위 중에는 기존질서에 대한 증오나 남성혐오에 기반한 주장이 가끔씩 나타나는 것도 사실이다. 특히 문 대통령에 대한 폄하나 혐오적 표현, 박근혜 전 대통령이 여자라서 쫓겨나 감옥에 있다는 식의 주장은 반대론자들에게 빌미를 주고 있다.

하지만 일부 참가자들의 부적절하거나 과격한 주장이 사상최대 여성 시위의 대의를 훼손할 수는 없다. 시위가 계속되면서 사회적 관심이 더욱 높아지고 있고, 정부도 '몰카와의 전쟁'을 선포하는 등 호응하고 있다. 3차 시위 이후인 7월 15일 행정안전부 · 여성가족부 · 경찰청이 공동으로 '불법촬영 범죄 근절 특별대책'을 발표했다. 김부겸 행안부 장관은 "여성을 보호하지 않는 국가에 나 자신도 포함된다"면서 경찰의 명운을 걸고 '몰카' 문제 해결에 나서겠다고 했고, 정현백 여성가족부 장관은 혜화역 시위가 "우리 사회 여성들의 상처와 아픔의 깊이가 어느 정도인지 되돌아보게 하는 사건"이었다고 말해, 정부의 대책이 사실상 '혜화 시위'에 대한 응답임을 밝혔다.

하지만 아직도 갈 길은 멀어 보인다. 여성들은 불법촬영물 시청자도 함께 처벌할 것과 신고 후 2차 피해에 대한 대책을 요구해 왔는데 이 문제는 대책에서 빠져있다고 주장하고 있다. 실제로 피해 여성들은 경찰에 신고할 때 경찰이 많은 것을 도와주리라 예상했다가 실망하는 경우가 많다고 한다. 또한 현행법상 성범죄 피해자도 사기나 폭행 등 다른 범죄의 피해자처럼 피해사실을 입증할 자료를 본인이 직접 수집해 제출해야 하는데, 이 과정이 쉽지 않고, 그 과정에서 2차 피해를 초래할 가능성도 높다. 영상에 찍혔다면 직접 캡처해서 제출해야 하고, 합의에 의한 것이 아님을 스스로 입증해야 한다. 경찰은 법에 따라 사무적으로 대하는데 정작 피해자는 그 과정에서 고스란히 2차 피해를 당할 수밖에 없는 것이다.

경찰도 현행법 하에서는 어려운 점이 많다고 한다. 우선 현행법상 불법촬영물을 보는 사람을 처벌할 방법은 없다. 또한 불법촬영물을 유포한 사람에게는 정보통신망법상 음란물 유포죄를 적용할 수밖에 없어, 처벌수위도 낮고 피해자가 직접 해당 영상이 음란물임을 입증해야 한다. 불법촬영물 유포에 성폭력 의도가 있음을 입증할 수 있다면 성폭력처벌법을 적용할 수 있지만 현실적으로는 매우 어렵다.

결국 국회가 불법촬영물에 관한 새로운 법 조항이나 특별법을 만들어야 하고, 경찰은 경찰관들의 젠더감수성을 획기적으로 높이는 방안을 마련해야 한다. 그런 한편 아동·청소년 포르노에 대한 규제처럼, 불법촬영물도 다운받거나 소지하기만 해도 처벌하고, 유통플랫폼도 강하게 규제하는 방안이 마련돼야 할 것이다.

2018년 5월에 시작되어 8월까지 점점 규모가 커지며 확산되고 있는 여성 시위는 우리사회에 어떤 변화를 가져올 것인가? 최초이자 최대로 기록된 여성들만의 이 일련의 시위는 남성중심의 가치관에 따라 구축된 남성중심의 사회에서 보호받지 못하던 여성들이 국가를 향해 보호를 요청한 사건이다. 우리사회는 과연 이 여성들의 요청에 어떻게 답할 것인가? 여성 대상 범죄로부터 여성들을 물리적으로 보호할 뿐만 아니라, 우리 사회의 갖은 차별 때문에 시달려온 여성들의 감성까지도 보호하는, 그런 단계까지 나아갈 수 있을까? 관건은 우리사회의 젠더감수성에 달려있다.

2018년 6월의 시선

제주도 예멘 난민과 한국 사회의 소동

정길화

한국기독교교회협의회(NCCK) 언론위원회(위원장 이동춘 목사)는 2018년 6월의「(주목하는)시선 2018」로 '제주도 예멘 난민과 한국 사회의 소동'을 선정했다. 제주도에 온 549명의 예멘인 난민신청자들로 인해 대한민국이 들썩이고 있다. 그런데 아이러니컬하게도 대한민국은 1951년 제정한 유엔난민협약에 가입하고 독자적인 난민법을 가진 유일한 아시아 국가이다. 언론위원회는 이 같은 사실을 바탕으로 제주도의 예멘 난민으로 인한 한국 사회의 시선을 주목해 보았다.

제주도 예멘 난민과 출도 제한

제주도에 온 549명의 예멘인 난민 신청자로 인해 한국 사회가 큰 진통을 겪고 있다. 보도에 따르면 내전을 겪는 예멘인들이 제주도에 오기 시작한 것은 2016년부터다. 그러다가 올해 들어 지난 6월 14일까지 제주도를 통해 한국에 입국한 예멘인은 모두 561명에 달한다고 한다. 이 가운데 549명이 난민 신청을 했다. 출도(육지부 이동) 제한 조치가 내려지기 전 다른 지역으로 옮긴 인원을 빼면 486명이 제주에 현재 체류 중이다.

머나먼 중동에서 한국에까지 예멘인들이 와서 난민신청을 하는 예상치 못한 상황이 발생한 것이다. 그런데 법무부는 예멘인에게 '(제주도) 출도 제한' 조치를 내리고, 예멘을 '무사증 입국 불허 국가'로 지정하는 등 전문가들이 제시하는 해법과 정반대의 대책을 내놨다. 이로 인해 애초 외국인등록증을 발급받은 후 거주 외국인이 많은 지역으로 가려던 예멘인들의 발이 묶였고, 이후 돈이 떨어진 이들은 제주도에서 길거리로 나오게 됐다고 한다.

천주교 제주교구 이주사목센터 김상훈 국장에 따르면 "서울 이태원과 경기도 안산 등 거주 외국인이 많은 지역은 외국인끼리 커뮤니티가 형성돼 자율적으로 일거리를 찾고 숙소를 구하는데 (당국의 조치는) 외국인 수용 인프라가 적은 제주에 예멘인들을 사실상 가둬둔 것"이라고 지적했다. 그 바람에 "숙소 계약 기간이 만료돼 돈이 없어지자 길거리로 나오거나 심지어 출입국·외국인청 마당

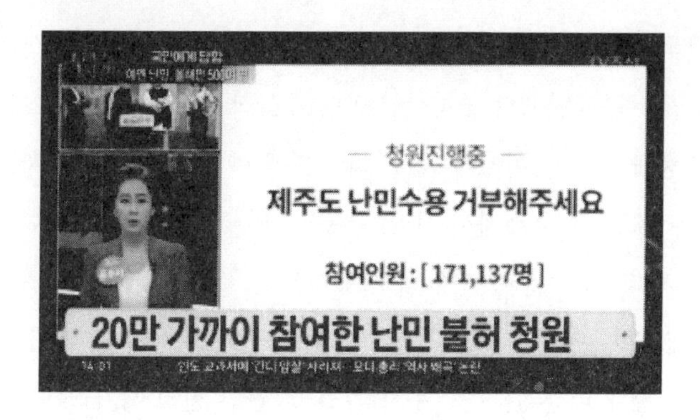

에 드러눕는 예멘인도 한때 생겼다"고 한다(연합뉴스).

즉 6월에 들어서 노숙하는 일부 예멘인들로 인해 제주도민의 불안이 가중되고 범죄에 노출될 우려가 부각되는 상황으로 전개된 것이다. 한겨레는 "인구 5,180만 명의 대한민국이 그 0.001% 수준인 예멘인 560여 명을 수용하는 건 큰 부담이 아닐 수 있다. 그런데 정부가 출도 제한 조치를 내리면서, 예멘 난민 집단을 불필요하게 제주도 지역사회와 여론의 '표적'으로 만들었다. 2017년 말 기준 추계인구 63만4161명에 불과한 제주도가 예멘인 560여 명을 오롯이 감당하는 건 또 다른 문제"라고 지적했다.

가짜 난민?

이로써 예멘과 가까운 중동 국가나 유럽, 혹은 이슬람 국가인 말레이시아, 인도네시아 등 남의 나라 일인 줄 알았던 예멘 난민 문제가 한국 사회에 본격적으로 제기되었다. 정부의 초동대응 실패와 함께 일부 종교단체의 조직적인 반대도 갑작스러운 난민 혐오 분위기 조성에 영향을 미쳤다. 좁은 제주도에 예멘 난민들로 득시글거릴 것(?)이라는 오해에서 시작해 위장난민/취업난민 시비, 이슬람 혐오, 젠더 혐오 등이 쏟아져 나왔다.

6월 13일 청와대 국민청원 게시판에 올라온 '제주도 불법 난민 신청 문제에 따른 난민법, 무사증 입국, 난민 신청 허가 폐지/개헌 청원합니다'라는 청원은 메인 화면 상단에 '최다 추천 청원'으로 등재됐을 정도로 반응이 뜨겁다. 7월 2일 06시 현재 58만 여 명이 동의했고 계속 늘어나고 있다. 한겨레에 따르면 보수 개신교 성향 일부 단체가 결집한 정황이 포착됐다고 한다. 이들은 "제주도 이대로 가면 유럽 꼴 난다!"며 "가짜 난민"과 "범죄율 증가"를 막기 위해 이른바 '난민법 독소조항' 폐지를 촉구하는 홍보물을 퍼나르고 있다. 이름을 올린 30여 개 단체 중 상당수는 동성애 혐오와 차별금지법 제정 반대에 앞장선 전력이 있다고 한다.

이럴 때 사회적 공론장인 언론의 역할이 중요하다. 종이신문이든 온라인이든 지상파든 종편 케이블 방송이든, 모름지기 미디어라면 우리 사회에 본격적으로 제기되는 현안에 대해 우선 정확한 지식과 정보를 제공해야 한다. 그리고 이를 토대로 성숙한 토론의 마당을 마련함으로써 불필요한 오해나 갈등의 소지를 방지하고, 솔루션과 콘센서스를 도출해야 할 것이다. 바로 이런 때를 위하여 언론이 있고 미디어가 있는 것이다. 그런데 이번 경우에도 일부 언론들은 불안과 혐오에 편승하거나 불확실한 지식과 불필요한 공포를 확산하려는 것은 아닌지 우려되었다.

불안과 혐오에 편승하는 언론

난민 문제가 대두되자 우리 사회에는 보편적 인도주의 및 다문화 가치를 내세운 찬성 입장과 경제적 보호주의, 문화충돌과 사회불안에 대한 우려를 내세운 반대 입장 사이에 격렬한 논쟁이 계속되고 있다. 이번에도 보수 매체와 진보 매체가 뚜렷이 다른 관점을 보였다. 치안과 안전, 여성과 젠더, 고용과 취업 등과 관련한 국민들의 불안과 위기를 자극하는 가짜뉴스나 확인되지 않은 오래전 뉴스가 댓글 등을 통해 확산되었다. 온라인상에는 이슬람 혐오, 젠더 혐오가 크게 증폭되는 분위기도 있다. 그렇다면 책임 있는 매체라면 이를 검증하는 보도나 르포로 팩트를 체크하는 등 적극적인 보도가 요구된다.

신문에서는 한겨레, 경향 등이 발빠르게 제주도를 르포하고 예멘 난민을 인터뷰하는 등 현지 보도를 통해 실상에 접근하는 노력을 하는 것이 눈에 띄었다. 또한 칼럼이나 외부 기고 등에서 인도주의와 다문화의 견지에서, 국제뉴스의 관점에서 나아가 4・3이나 6・25 등 한국현대사의 과정에서 체험한 인도주의의 상호주의적 측면에서 예멘 난민을 보는 관점과 역사성을 입체적으로 조망했다.

댓글에서는 치열한 논쟁이 붙기도 했지만 이것이 기실 공론화 과정의 일부다.

특히 한국일보는 '여론 속의 여론 — 예멘 난민 보는 시선'을 통하여 40대 이상은 "전쟁 난민"으로 보는데 비해 2030 세대는 "불법취업자"로 보는 등 예멘 난민 보는 시선에도 세대차이가 있음을 조사해 눈길을 끌었다. 그리고 세부적으로는 반대 이유를 ▶ 전쟁난민인가, 불법취업난민인가? ▶ 테러 가능성과 범죄 우려 ▶ 순혈주의, 인종적 편견과 다문화 우려 여전 등으로 들여다보고 심층분석을 시도했다.

반면 지상파 등 TV에서는 상대적으로 시사보도 프로그램에서의 분량도 적고 시의성도 부족해 보였다. 스트레이트 뉴스에서는 다분히 드러나는 현상만 나열하고 있었고, 6월 14일 월드컵 개막 이후 주요 시사 프로그램들이 대부분 결방되면서 심층 분석이나 현지 르포 등의 적극적인 노력이 눈에 들어오지 않았다. 본 '시선' 논의를 위하여 6월말까지 기다려 보아도 이와 같은 상황은 별로 달라지지 않았다. 한국이 월드컵 16강에 탈락함으로써 축구 열기에 난민 등 우리 사회의 현안이 묻혀지지 않는다면 이는 다행스런 일이라고 해야 할 것인가.

유엔난민기구 친선대사 배우 정우성

방송 중에서는 JTBC가 뉴스룸에 유엔난민기구 친선대사인 배우 정우성을 초대해 예멘 난민 관련한 인터뷰를 진행하는 성의가 돋보였다. 기실 예멘 난민 사태로 인한 불씨는 훈남 배우 정우성도 피하지 못했다. 주지하다시피 그는 왕성한 연기활동과 함께 난민 구호 등 사회활동으로도 좋은 이미지를 보여주고 있었는데 예멘 난민 문제에 대해서는 대중들의 반응이 한결같지 않았다. 관념적으로 생각하고 있던 난민이 실제 한국 사회의 이웃으로 들어오는 상황에 대해 국민들의 여론은 엇갈리고 있다.

정우성은 JTBC 뉴스룸에 출연해 한국 사회가 난민 문제에 민감하게 반응하는 근본적인 사회 현상에 대해 의견을 피력했다. 정씨는 "엄마들이 자식을 키우기 힘들고, 2030세대가 사회로부터의 박탈감과 취업에 대한 불만을 갖고 있고, 여성은 늘 범죄에 노출돼있는 불안한 마음이 있기에 500명의 난민이 갑자기 도화선이 됐다.

그런 여러 가지 사회 문제에 대해서 국민들이 '우리도 힘들잖아'라는 얘기를 하게 되는 것 같다"고 말했다.

정우성은 JTBC 뉴스룸에서 "정부는 국민의 얘기들을 귀담아 들어 그런 불만을 같이 해결해나가고, 국민은 정부가 (난민문제에서) 국제사회에서 떳떳할 수 있도록 차분한 마음으로 문제 해결을 위한 방법을 현명하게 찾아가야 한다"고 주장했다. 그는 또 "근거가 빈약한 정보나 과장된 정보로 논의의 본질을 벗어나서는 안 된다. 대한민국 국민 인권보다 난민 인권이 더 중요하다는 거냐고 묻는 식의 감정적인 접근도 안 된다"고 말했다(중앙일보). 이 정도면 난민과 관련해서 나올 얘기는 다 나온 것이다.

한국 사회에 쏘아 올려진 작지만 큰 공

이번 예멘 난민 수용을 둘러싼 논란은 지난 1990년대 이래 다문화 문제가 한국 사회의 주요 의제로 부상되었지만, 이에 대해 충분한 고민과 진솔한 공론화 과정이 부족했음을 깨닫게 했다. 특히 사회 일각에서 제기되는 난민 수용 반대 분위기가 예멘 난민의 상황에 대한 제대로 된 정보에 근거한 것이 아니라는 점은 중요한 대목이다. 예의 한국일보 조사에서 응답자의 26%만이 예멘의 국가상황에 대해 알고 있다고 답한 반면, 68%는 잘 알지 못하는 편이라고 답했다. 정확한 정보의 제공이 다수 시민이 갖고 있는 우려를 불식

시켜 나가는 첫 단추다. 포퓰리즘적인 선동이나 관념적인 담론을 넘어 현실적인 해법을 마련해야 할 때다.

이제 예멘 난민들은 한국이 국제사회의 일원으로서 한국인들이 실천으로 보여줄 수 있는 포용과 톨레랑스가 어느 수준인지를 가늠하는 리트머스 시험지가 됐다. 경향신문은 예멘 난민을 보도하면서 조세희의 〈난장이가 쏘아올린 작은 공〉을 소환해, 이번에 대두된 '난민 혐오'는 '예멘 난민들이 한국 사회에 쏘아올린 작지만 커다란 공'이라고 말했다. 1978년에 출간된 '난쏘공'은 1970년대 한국 사회에서 소외되고 있던 도시 빈민층의 삶을 통해 우리 사회의 인권 문제를 근본적으로 제기한 바 있다. 정확히 30년 후인 2018년에 예멘 난민들이 쏘아올린 공은 한국 사회의 어떤 부분을 건드리고 한국인들은 어떤 반응을 보일 것인가. 언론이, 방송이 답을 해야 한다.

2018년 7월의 시선

사법농단의 주역, 괴물 대법원장 양승태

한홍구

한국기독교교회협의회(NCCK) 언론위원회(위원장 이동춘 목사)는 2018년 7월의「(주목하는)시선 2018」로 '사법농단의 주역, 괴물 대법원장 양승태'를 선정했다. 2017년 3월 소장판사들은 법원 내 학술단체인 국제인권법연구회가 사법개혁 관련 설문조사를 하려 하자 법원행정처가 행사를 축소하라는 부당한 외압을 가하고 이에 반발한 판사에게 부당한 인사조치를 했다는 사실에 대해 진상규명을 요구했다. 여기서부터 비롯된 양승태 대법원의 사법농단사태는 2018년 5월말 전 대법원장 양승태가 현직에 있을 당시 상고법원 설치 문제를 놓고 박근혜 정권과 재판거래를 했다는 문건이 공개되면서 걷잡을 수 없이 번져 나갔고 아직도 엄청난 폭발력을 갖고 진행 중이다.

지금까지 밝혀진 문건은 빙산의 일각에 불과하다. 양승태의 개인 컴퓨터는 '디가우징'이라는 기법으로 속된 말로 완전히 갈아버렸다고 하지만 백업해둔 자료가 있을 수 있고, 관련 대법관이나 법원행정처 간부들의 컴퓨터를 압수수색 해보면 무엇이 튀어나올지 모르는 상황이다. 지금까지보다 앞으로 터질 일이 더 충격적일 수 있는 사건을 〈시선〉에서 다루는 것이 조심스럽고 부담이 되지만, 사안의 중대성 때문에 한번은 짚고 넘어가야 할 필요가 있다. 잘 알려진 바와 같이 양승태는 상고법원 설치를 추진하면서 박근혜 정권의 지지를 얻기 위해 박근혜 정권이 민감하게 생각하는 사안에 대한 재판을 갖고 거래를 시도했다는 의혹을 받고 있다.

반헌법행위자 양승태

양승태 대법원이 "약자에 가혹하고 정치·경제 권력 편들기… '보수 폭주'"(〈한겨레〉 2016년 3월 11일) 라는 비판은 재판거래 의혹에 등장하는 개별 사건 하나하나가 대법원에서 처리될 때마다 제기되곤 했다. 양승태는 취임사에서는 '소수자와 사회자 보호'를 내세웠지만, 실제로는 정권과 기득권층의 이익에 복무하는 판결을 쏟아냈고, 이런 판결을 만들어 내기 위해 오로지 '법과 양심'에 따라 재판해야 할 독립적 헌법기관인 개별 법관들의 권한을 침해하는 중대한 반헌법 행위를 저질렀다.

그런데 반헌법행위자열전편찬위원회가 양승태를 반헌법행위자열전 수록 집중검토대상자로 선정한 것은 사법농단 사태가 세상에 알려지기 이전인 2017년 2월의 일이다. 당시 현직 대법원장이었던 양승태는 1975년 4건의 재일동포 간첩사건에서 배석판사로, 1986년 제주지법 부장판사 시절에는 2건의 조작간첩사건에서 재판장으로 모두 유죄판결을 내렸다. 반헌법행위자열전편찬위원회는 법관들 중 열전 수록대상자를 선정할 때 긴급조치 사건을 포함할 경우 대상자가 너무 많아지기 때문에 인혁당 사건 등 주요 공안사건이나 조작간첩사건의 판결만 조사대상으로 삼고 긴급조치 사건은 제외했다고 밝혔다. 그러나 일단 집중검토대상자로 선정된 사람들이 긴급조치 사건에서는 몇 건이나 판결에 참여했는지 조사하였는데, 양승태의 경우는 12건으로 단연 최고였다고 한다. 양승태가 판결한 4건의 재일동포 간첩사건은 모두 김기춘이 중앙정보부 대공수사국장 시절 조작한 사건이고, 양승태는 법원에서 이를 처리한 것이 된다. 40년 뒤 대법원장과 왕실장이 되어 상고법원 설치를 둘러싼 거래의 두 주역은 경남고-서울법대의 8년 선후배 간이라는 건 말고도 이런 각별한 인연을 맺었던 것이다.

박근혜-최순실의 국정농단으로 국회에서 청문회가 벌어지던 2016년 12월 15일, 청문회 증인으로 나온 전 세계일보 사장 조한규는 박근혜 정부가 대법원장 양승태를 불법 사찰했다는 사실을 폭로했다. 이에 대법원은 긴급 기자회견을 갖고 "만일 법관에 대한 사찰이 실제로 이뤄졌다면, 이는 헌법정신과 사법부의 독립의 원칙에 위배되는 중대한 반헌법적 사태"라고 발끈했다. 그러나 대법원장 사찰은 반헌법행위라며 박근혜 정권을 몰아붙이는 양승태 자신은 과거에 조작간첩사건 판결 등 중대한 반헌법행위를 자행해왔고, 또 당시에도 법관들을 사찰하는 등 반헌법행위를 저지르고 있었던 것이다.

양승태를 보는 조선일보의 시선

양승태의 사법농단 사건과 관련하여 진보언론과 수구언론의 논조는 확연히 구분된다. 그중 조선일보의 경우는 특별히 언급하지 않을 수 없다. 법원행정처가 2015년 8월 20일에 작성한 'VIP 면담 이후 상고법원 입법 추진전략'이라는 제목의 문건에는 "법무부에 실질적 영향을 미치고 BH(청와대)인식을 환기시킬 수 있는 메이저 언론사"로서 조선일보가 지목되어 있다. 조선일보는 처음에는 상고법원에 대하여 부정적인 입장을 가졌으나, 2015년 2월 6일 전 변협회장 이진강의 〈상고법원이 필요한 이유〉 기명 칼럼이 실리는 등 상고법원 설치를 적극 옹호하고 나섰다.

2017년 3월 양승태의 법관 사찰 문제가 알려지기 시작하자 조선일보는 사법농단이라는 사태의 본질을 외면하면서 소장법관들의 문제제기를 2017년 9월의 양승태 임기만료와 관련된 법원 내의 보수-혁신갈등으로 몰고 가면서 양승태를 옹호했다. 이런 류의 기사는 3월 10일 "대법 '판사 부당 인사 논란 진상조사'", 3월 15일 "판사 한 명 사표 반려했는데… 법원이 시끌", 4월 4일 "양승태 대법원장 '사법부 흔들기 우려할 수준,'" 4월 19일 "법원에도 정치 바람 불기 시작한 건가," 5월 18일 "양 대법원장 '법원행정처 사태 책임 통감,'" 6월 22일 "판사회의 최악이었다" 등 쉽게 찾아볼 수 있다. 6월 27일자 〈만물상〉은 각자 독립된 재판 주체인 판사들이 집단행동에 나선 것이 '부끄럽다'고 한 것은 정말로 무엇이 부끄러운 일인지를 모르는 보도였다. 2018년에 들어와 조선일보는 1월 9일부터 사흘간 연달아 일부 판사들이 법원 게시판에 동료 법관을 사찰한 일부 법원행정처 판사들에 대해 격한 감정을 쏟아낸 것을 "동료 판사 욕하는 판사들"이라고만 비판했다.

2018년 5월 25일 '사법행정권 남용 의혹 특별조사단'의 3차 조사 결과가 발표되자 재판거래를 둘러싼 의혹은 각계각층에서 폭발적으로 제기되었다. 조선일보는 판사 블랙리스트는 없었다고 3차 조사결과를 자의적으로 해석하면서 양승태를 감싸는 대신 김명수 대법원장을 "대법원장이 '재판 거래'라는 거짓 선동에 편승하다니" (2018년 6월 1일자 사설)라고 강력히 비판했다. 조선일보는 사법농단 사태에 대해 양승태가 기자회견을 하자 "재판거래 꿈도 못 꿀 일이다," "대법원 신뢰 무너지면 나라가 무너진다" 등 양승태의 입장을 두 면에 걸쳐 자세히 보도했고, 이어 6월 6일에는 "대법원장이 자초한 '사법의 난'"이라며 다시 김명수 대법원장을 강력히 비난했다. 사법농단 사태와 관련하여 동아일보나 중앙일보는 나름 양승태 사법부의 문제점을 지적한 반면, 조선일보와 문화일보는 강력하게 양승태를 옹호하고 김명수 사법부를 비난했다.

양승태 보도와 역사적 시선의 결여

양승태의 사법농단 사태를 다룬 일련의 보도에서 아쉬운 것은 역사적 시각의 부족이다. 양승태 사법농단 사태는 하루아침에 벌어진 일이 아니다. KBS 최강시사나 TBS 뉴스공장 등 일부 라디오 시사프로에서는 양승태 사태의 역사적 뿌리를 캐는 프로가 나왔으나, 진보적인 신문에서는 이같은 기획을 찾아볼 수 없는 점이 아쉬웠다. 만약 역사적 시각을 갖고 양승태 사법부가 감행한 긴급조치 위헌 무효화 판결이나 조작간첩사건 등과 관련된 국가의 손해배상 판결을 아무런 법적 근거 없이 자의적으로 시효를 변경하여 무효화한 것은 아주 다르게 보일 수 있는 것이다. 양승태 대법원의 이같은

과거사 뒤집기 판결은 단순히 박정희 딸인 박근혜를 위한 것만은 아니었다. 양승태 자신이 초임과 중견 법관 시절 독재정권에 판결로 야합한 범죄적인 행위를 가리기 위한 것으로 볼 수 있는 것이다.

우리의 굴곡 많은 현대사에서 양승태 이전에도 나쁜 대법원장은 분명히 있었다. 박정희 시대의 민복기나 전두환 시대의 유태흥은 암흑기 한국 사법부의 수장으로 대법원장으로서 제 역할을 못했다는 점에서 비판을 받아 마땅한 나쁜 대법원장이었다. 그러나 양승태의 죄질은 이들의 과오와는 차원이 다르다. 민복기나 유태흥은 독재권력의 사법권 침해를 막지 못했고, 때로는 압력에 굴해 마지못해서, 때로는 적극적으로 정치권력의 요구에 응했다. 군사독재 시절 말 안 듣는 젊은 법관들에 대한 사찰은 중앙정보부나 안기부의 몫이었을지는 몰라도 양승태처럼 대법원장이 직접 나서서 젊은 법관들을 사찰한다는 것을 상상할 수 없었다. 소장판사들이 충격을 받은 것도 바로 이 때문이다.

양승태의 사법농단 사태는 과거청산 없는 민주화가 자초한 민주주의의 위기였다. 양승태처럼 조작간첩사건 6건에 긴급조치사건 12건이나 한 법관이라면 사법부의 과거 청산이 제대로 이뤄졌다면 감옥에 갔어야 했을 것이고, 최소한 사법부에서 퇴출되었어야 마땅했다. 그러나 사법부에서 과거청산은 전혀 이뤄지지 않았다. 양승태처럼 민감한 정치적 사건이나 공안사건에서 독재권력에 적극적으로 협조했던 자들은 그 대가로 승진가도를 달리거나 요직을 두루 거치게 되었고, 민주화가 되자 사법부의 엘리트로서 승승장구했던 것이다.

1987년 6월 항쟁 이후 현행 헌법으로 개헌할 때 가장 중요한 부분은 대통령 직선제였고, 그 다음으로 사법부의 개혁이었을 것이다. 사법부 개혁에서는 2가지 문제가 제기되었는데 하나는 위헌법률심사를 전담할 헌법재판소를 설치하는 것이고, 다른 하나는 실추된 사법부의 제자리를 찾아주기 위해 대통령에게 쏠려 있던 권한을 분산하여 대법원장의 위상과 권한을 강화하는 것이었다. 이 덕분에 민주화 이후 대법원장의 권한은 유신시대나 5공 시절에 비해 상당히 강화되었다. 수많은 사람들이 피 흘려 가며 쟁취한 민주주의의 성과물로 마련된 대법원장의 강화된 권한을 양승태 같이 독재에 부역했던 자들이 사법엘리트로 승승장구하여 휘두르게 된 것이다.

작은 양승태, 여상규를 놓친 무딘 시선

흔히 양승태는 극단적인 사법엘리트주의자로 알려져 있다. 조선일보 2018년 7월 5일자 '논설실의 뉴스읽기'에서는 양승태의 사법농단으로 불거진 사태를 '양승태 엘리트 시스템과 김명수 평등주의가 충돌'한 것으로 보기도 했다. 양승태가 대변하고자 했던 사법엘리트들이란 양승태의 선배나 동년배의 경우는 군사독재정권에 순종하여 긴급조치사건이나 공안사건을 정권의 입맛에 맞게 처리하면서 법원행정처 등의 요직을 거치며 순탄하게 승진해 간 사람들이었다. 민주화 이후 정치적 사건을 둘러싼 외압은 상당히 완화되었지만, 사법부의 소위 엘리트들은 기득권의 수호자로서 보수적인 면을 강화해왔다. 흔히 '서오남'(서울대-50대-남성)이라 불리는 이들은 민주화 이후 대법원 구성의 다양화 요구가 본격화되면서 여성이나 지방대 출신들이 대법관에 발탁되자 자신들의 이익이 침해되었다고 박탈감을 느끼며 내부결속을 다져왔다. 양승태는 바로 이런 수많은 양승태들의 수장이며, 현재 대법관들이나 각급 법원장의 상당수는 양승태가 임명한 작은 양승태들이라 할 수 있다.

작은 양승태는 사법부에만 있는게 아니다. 양승태처럼 공안사건에서 권력의 입맛에 맞는 판결을 한 뒤 승승장구하다가 국회로 진출한 사람도 있다. "금배지 단 정치검사들이 정치개혁 막는다"(한겨레, 2012년 12월 7일)는 제목의 기사가 잘 지적하고 있는 것처럼 김기춘, 정형근, 홍준표, 최병국, 최연희, 장윤석 등 공안검사 출신들은 국회에서 검찰개혁을 완강하게 막아왔다. 사법부 내부의 개혁도 중요하지만, 개혁의 제도화는 결국 입법부에서의 법제화를 통해 이뤄지게 마련이다. 국회에서 처리되는 모든 법안은 자구와 법률체계 심사를 위해 반드시 법제사법위원회를 거치게 되어 있다. 그런데 자구・체계심사에 그쳐야 할 법사위원회가 법률안 통과를 좌지우지하는 상원역할을 하고 있다는 비판은 20대 국회 개원 당시에도 있었고("상원 법사위, 20대 국회에서는 바뀔까?," MBC 뉴스데스크, 2016년 5월 28일), 최근의 20대 국회 후반기 원구성에서도 법사위원장을 여당과 야당 어느 쪽이 가져가느냐가 최대의 쟁점이 되었다("법사위원장 쟁탈전… 국회 원 구성 협상 불발," 한겨레, 2018년 7월 10일). 6월 13일의지방선거에서 궤멸된 자유한국당은 아직 2년이라는 시한부 생명이 남아 있는 112석의 의석을 기반으로 끝까지 버텨 법사위원장 자리를 따냈다. 자유한국당 내에서의 치열한 경쟁을 거쳐 법사위원장 자리에 오른 인물은 판사 출신 여상규였다.

원구성에서 가장 큰 관심을 모았던 법사위원장 자리를 여상규가 꿰차고 앉았을 때, 그 의미를 어떤 언론도 지적하지 않았다는 것은 한국 언론의 건망증과 철저하고 집요하지 못한 속성과 역사적 시각의 결여를 보여주는 심각한 사례가 아닐 수 없었다. 여상규는 2018년 1월 27일 〈그것이 알고 싶다 - 사라진 고문 가해자들〉 편에 등장한 고문을 묵인한 수많은 판사와 검사들 중 대중들의 각별한 지탄을 받았던 인물이기 때문이다. 여상규는 1982년 진도간첩

단 사건의 판사였다. 그 사건의 피고의 한 사람인 석달윤은 정보과 형사를 18년이나 지낸 인물이었는데도, 안기부에 의해 간첩으로 조작되는 비운을 겪었다. 여상규는 〈그것이 알고 싶다〉 제작진이 전화로 "석달윤 씨를 혹시 기억하느냐"고 묻자 "재판을 한두 번 하는 것도 아니고 매주 한 열건 정도씩 하니 1년 이상 된 거는 기억할 수 없다"고 답했다. 제작진이 다시 "1심 판결로 한 분의 삶이 망가졌다. 책임감을 느끼지 않느냐"는 질문에는 "웃기고 앉아있네, 이 양반이 정말"이라고 말하고는 전화를 끊었다. 여상규의 이런 태도는 시청자들의 엄청난 분노를 불러일으켰다. 〈그것이 알고 싶다〉 시청자 게시판 뿐 아니라 인터넷과 SNS는 달아올랐고, 청와대 국민청원 게시판에는 여상규 등 과거 국가폭력에 관련된 자들을 처벌해야 한다는 내용의 국민청원이 수십 건 올라왔다. 논란의 중심에 섰던 인물이 채 6개월도 안되어 초미의 관심사였던 법사위원장 자리를 차지하였는데, 조작간첩 사건과 관련하여 여상규를 다룬 언론은 KBS 라디오 7월 17일자 〈오태훈의 시사본부〉 와 7월 24일자 〈최강시사〉 밖에 없었다. 고문가해자 여상규의 범죄적 판결을 발굴 보도한 SBS도 탐사프로그램과 보도프로그램의 장벽 때문인지 여상규의 경력을 다루지 않았다.

후반기 원 구성 후 처음 열린 법사위 소관 부처 업무보고 자리에서 여상규는 법사위원장 자리에 앉아서 자신이 판사를 해봐서 아는데 양승태 사법부에서 논란이 된 재판거래란 있을 수 없다고 반복해서 주장했다. 듣다 못한 야당의원들이 편파적인 진행을 하지 말라고 항의했지만, 그는 "나는 편파적이라 생각하지 않는다"고 단언했다. 전임 법사위원장 권성동은 검찰 출신으로 검찰개혁은 물론, 탄핵 이후 개협입법의 추진을 가로막았을 뿐 아니라, 자신이 강원랜드 채용비리와 관련하여 수사대상이 된 채 법사위원장 자리를 꼭 붙들고 앉아 지탄을 받았다. 여상규의 간첩 사건 판결 전력이나 그가 법사위원장 첫날 보인 태도는 양승태 사법부의 적폐청산을 새끼 양승태인 여상규가 어떻게 막으려 하는지를 잘 보여준 예고편이었다.

여상규가 판결한 조작간첩 사건은 흔히 석달윤 사건이라 알려져 있다. 그것은 석달윤의 이름으로 진실화해위원회에 재심 신청이 되어 진실규명과 재심 무죄의 절차를 거쳤기 때문이다. 그런데 이 사건에서 여상규 등에게 가장 무거운 판결을 받은 김정인은 재심 신청을 할 수 없었다. 사형이 집행되었기 때문이다. 이 사건의 생존자들의 트라우마를 치유한 정신과 의사 정혜신은 이렇게 썼다.

> 김정인은 1964년에 갑자기 나타난 외삼촌에게 납치되다시피 북에 끌려갔다가 3일 만에 진도로 돌아온 사실이 한번 있지만, 나머지는 모두 고문에 못 이겨 허위로 자백한 내용이라고 주장했다. 중정의 고문은 김정인의 표현을 빌자면 "죽다가 살아났"던 수준이었다. 물론 그의 고문 주장은 전혀 받아들여지지 않았다. 고문의 공포가 얼마나 심했는지 변호사가 김정인을 처음 만나 자신의 역할을 자세하게 설명했음에도 변호사를 수사관으로 의심해 중정에서 자백한 간첩혐의를 녹음기처럼 반복했단다. 그의

유죄확정 당시 증거요지는 검찰에서의 피의자 신문조서와 법정에서의 일부 진술이었다. 물적 증거는 압수된 라디오 1대와 간첩 외삼촌에게서 받았다는 금반지 3돈이 전부였는데 라디오는 본래 김정인이 가지고 있었던 것이었고 금반지는 김정인이 그의 처에게 사주었던 것이었다. 하지만 검사는 논고문에서 김정인이 공소장에 기재된 사실을 모두 100% 자백하였음에도 한번 시인했던 사실을 합리적 근거 없이 부인하고 한번 부인했던 사실도 검찰관이 추궁하면 다시 부인하는 '촌극을 자행한다'고 몰아붙였고, 그의 다급한 절규를 촌극으로 규정한 판사들은 그에게 사형을 선고했다(정혜신, "판사님, 법대로만…" 한겨레 2005년 10월 11일).

사형이 확정된 뒤 김정인이 작성한 재심청구서는 일제 36년만큼의 시간이 지난 오늘 읽어도 피눈물이 난다. 문장도 엉망에 조사 '-을'과 '-를'도 구분이 안 되고 자기가 무슨 '좨'를 지었는지 모르지만 잘못을 '니우치고' 있는데 '채고형'은 '가하지(과하지)'않냐는 그의 호소는 묵살되었다. 당국은 친절하게도 김정인이 사형당하고 1년 쯤 지나 재심 기각 결정문을 받을 사람 없는 교도소로 배달해주었다고 한다. 아무런 증거도 없이 자기변론도 제대로 할 수 없는 교육수준을 가진 사람을 흉악한 간첩으로 몰아 고문 호소도 묵살하고 사형을 내린 사람이 법사위원장이 되어 사법개혁으로 가는 길목에 재판거래는 없다는 예단을 갖고 "웃기고 앉아 있는 것"이 대한민국의 현실이다.

개혁은 하루아침에 이뤄질 수 없다. 언론도 개혁에 일조하려면 역사적 시각, 거기까지는 안 돼도 여상규가 누구인지 잊어버리지 않는 최소한의 기억력을 갖고 악랄할 정도로 집요하게 한번 물면 놓지 않고 물고 늘어져야 한다. 한국의 언론이 이런 집요함을 갖지 못한 이유는 사법농단사태의 피해자들과 깊게 만나지 않았기 때문이라고 논평자는 감히 생각한다. 이들이 어떻게 고문당했는지, 빨갱이로 몰려 어떤 삶을 살아내야 했는지, 과거사 배상 판결이 뒤집히면서 받았던 돈을 토해내느라 어떤 처지에 놓였는지를 돌아봐야 한다. 사법농단으로 KTX 여승무원 재판이 뒤집히며 불행히도 자살한 승무원의 딸은 어떻게 지내는지 한 번이라도 가봤으면, 한 번이라도 생각해봤으면 이런 문제를 놓치지 않을 것이다. 지면은 무수히 늘어났고, 기자는 무수히 많아졌는데 이런 기사는 오히려 보기 힘들어졌다.

글쓴이 알림

김당

〈시사저널〉과 〈동아일보〉 신동아팀에서 주로 사회 · 국방 · 통일 · 안보 분야 기사를 썼다. 1990년대 중반부터 정보기관을 집중 취재해 1997년 대선을 전후해 〈안기부 북풍공작 추적예보〉, 〈최초 공개 안기부 조직표〉 같은 특종으로 이듬해 시사주간지 기자로는 처음으로 '한국기자상'(한국기자협회, 취재보도 부문)을 수상했다. 2002년부터 〈오마이뉴스〉에서 정치데스크, 기획취재 총괄국장, 편집국장, 편집주간 겸 부사장을 역임했다. 이후 『시크릿파일 국정원』(2016), 『시크릿파일 반역의 국정원』(2017), 『공작』 · 『공작2』(2018) 등 저술활동에 집중하다가 2018년 7월부터 〈UPI뉴스〉의 통일외교에디터 겸 정치 선임기자로 언론 현업에 복귀했다.

김덕재

KBS 프로듀서. KBS PD협회장과 한국PD연합회장, 한국PD교육원 원장을 지냈다. 역사스페셜 〈산송〉, 〈수원화성〉, 〈나당전쟁〉, 일요스페셜 〈여우야 여우야〉, KBS스페셜 〈서해대교〉, 추적60분 〈대운하〉 외 〈도산 안창호〉, 〈고월 이장희〉, 〈신라승 김교각〉, 소비자고발, TV 책을 보다, 시청자칼럼, 6시 내고향, TV쇼 진품명품 등을 연출했다. 현 KBS 제작본부장이다.

김주언

충남 천안 출생, 서울고와 서울대 문리대를 졸업했다. 1980년 한국일보 입사 후 문화부, 편집부, 경제부, 사회부 기자, 서울경제신문 증권부 기자로 활동했다. 대학재학 중 민청학련 사건으로 투옥됐었고, 기자로 활동하던 중 1986년 보도지침 사건으로 구속 기소됐다가 다음해 집행유예로 석방되었고 9년 뒤 무죄확정 판결되었다. 한국기자협회장을 역임했으며, 1998년 퇴사 후 언론개혁시민연대 창립 사무총장으로 일했다. 이후 한국언론재단 연구이사, 신문발전위원회 사무총장을 지냈으며, 최근엔 KBS 이사로 활동했다. 현재 언론광장 감사와 열린미디어 연구소 상임이사, 내부제보실천운동 공동 대표로 활동 중이다.

심영섭

서울 출생. 건국대 신문방송학과를 졸업하고, 베를린자유대학교 언론학부에서 석사·박사과정을 다녔다. 현재 경희사이버대학교 미디어커뮤니케이션학부 겸임교수와 방송통신심의위원회 위원, 언론인권센터 정책위원, 한국기독교교회협의회(NCCK) 언론위원회 전문위원으로 활동하고 있다. 저서로는 『메두살렘의 상징권력』, 『언론인권 길라잡이』 등이 있다.

양승동

KBS프로듀서. KBS부산방송총국 편성제작국장, 한국PD연합회장을 지냈고, 현재 KBS 사장이다. 주요 작품으로는 〈KBS스페셜〉 (오래된 기억, 6.15남북정상회담 / 제18대 대통령 탄핵), 〈명견만리〉(인생 2막, 제3섹터에서 길을 찾다 / 40만 공시족, 정답을 묻다), 〈역사스페셜〉(모두가 난을 생각한 지 오래다 - 진주농민항쟁 / 독도강치의 증언 - 일제의 독도 침탈 비사), 〈인물현대사〉(나를 사로잡은 조선인 혁명가, 김산 / 새는 좌우의 날개로 난다 - 리영희) 등이 있다.

정길화

1984년 MBC 프로듀서로 입사해 〈명작의 무대〉, 〈다산 정약용〉, 〈세상사는 이야기〉, 〈인간시대〉, 〈PD수첩〉, 〈이제는 말할 수 있다〉, 〈W〉 등의 시사교양 프로그램과 다큐멘터리를 만들었다. 제12대 한국방송프로듀서연합회장, 시사교양국 CP, 홍보심의국장, 창사기획단 사무국장, MBC 중남미지사장 겸 특파원 등을 역임했다. 언론연대 공동대표, 방송학회 이사, 국가인권위 전문위원, 서울시선거방송토론위원회 위원으로 활동했다. "시사고발 프로그램의 방영금지가처분제도에 관한 연구"로 정치학 석사, "브라질의 케이팝 팬덤에 대한 현장연구"로 언론학 박사학위를 받았다. 저서로 『기록의 힘, 증언의 힘』과 함께 『우리들의 현대침묵사』, 『PD수첩과 프로듀서저널리즘』, 『3인3색 중국기』 등의 공저서가 있다.

한홍구

서울 출생, 서울대 국사학과 및 동대학원과 미국 워싱턴대 사학과 대학원에서 공부했다. 현재 성공회대 교수, 성공회대 민주자료관장, 반헌법행위자열전편찬위원회 책임편집인으로 있다. (전) 평화박물관 상임이사, (전) 국정원 과거사건 진실규명을 통한 발전위원회, (전) 정수장학회공대위 집행위원장을 지냈고 대표 저서로는 『대한민국사』, 『유신』, 『사법부』, 『역사와 책임』 외 다수가 있다.

NCCK가 주목한 오늘, 이 땅의 언론

시선(視線) 2017~2018

2018년 9월 15일 초판 1쇄 인쇄
2018년 9월 20일 초판 1쇄 발행

엮은이 | NCCK 언론위원회
지은이 | 김 당 김덕재 김주언 심영섭 양승동 정길화 한홍구
펴낸이 | 김영호
펴낸곳 | 도서출판 동연
등 록 | 제1-1383호(1992년 6월 12일)
주 소 | 서울시 마포구 월드컵로 163-3
전 화 | (02) 335-2630
팩 스 | (02) 335-2640
이메일 | yh4321@gmail.com

ISBN 978-89-6447-445-7 03070
ISBN 978-89-6447-310-8 03070(세트)